Ulrich Ruh

Edward Schillebeeckx

Ulrich Ruh

Edward Schillebeeckx

Leben und Denken

FREIBURG · BASEL · WIEN

www.herder.de
Umschlaggestaltung: Finken und Bumiller, Stuttgart
Umschlagmotiv: Holländisches Nationalarchiv, Fotocollectie Anefo
Satz: Barbara Herrmann, Freiburg
Herstellung: CPI books GmbH, Leck
Printed in Germany
ISBN Print 978-3-451-37815-7
ISBN E-Book (PDF) 978-3-451-82815-7

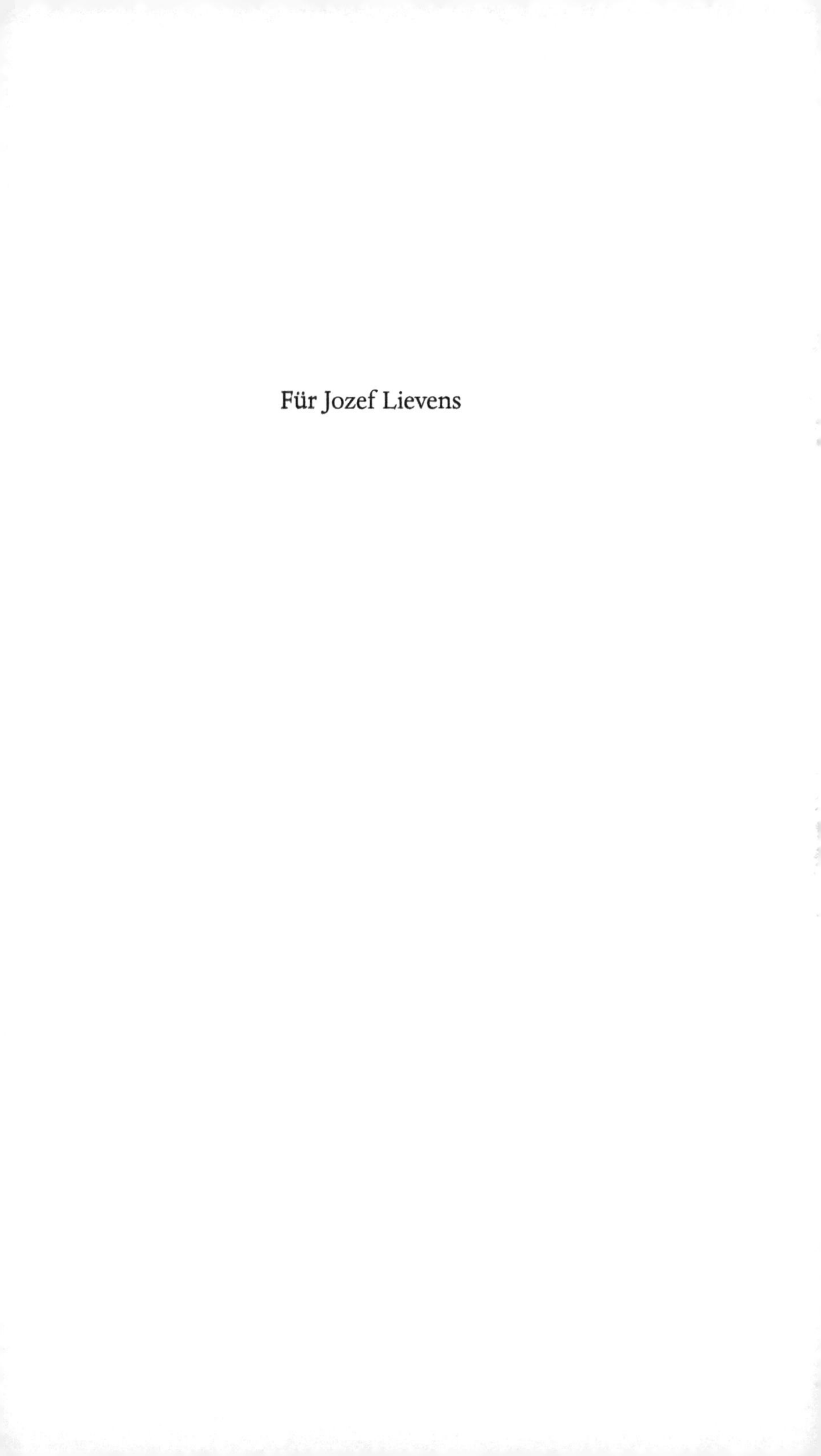

Für Jozef Lievens

Vorwort

Das Todesdatum von Edward Schillebeeckx OP (1914–2009) jährt sich im Dezember 2019 zum zehnten Mal. Auch wenn die (katholische) Kirche angeblich in Jahrhunderten denkt, sind heutzutage zehn Jahre schon eine lange Zeit: Für sehr viele, die sich derzeit jedenfalls im deutschen Sprachraum mit kirchlich-theologischen Zusammenhängen beschäftigen oder sich mehr oder weniger intensiv für sie interessieren, dürfte schon der – zugebenermaßen – sperrige Name Schillebeeckx kaum mehr bekannt sein, geschweige denn sein theologisches Werk. Schon deshalb hat eine Einführung in sein Leben und Denken gerade in diesen schnelllebigen Zeiten ihre Berechtigung. Schließlich geht es ja um eine der prägenden Gestalten für die katholische Theologie des 20. Jahrhunderts, von der neuscholastischen Schultheologie über die Durchbrüche, für die vor allem das Zweite Vatikanische Konzil steht, bis zu den neuen Herausforderungen und damit verbundenen Unsicherheiten in den letzten Jahrzehnten.

Es sind sicher verschiedene und auch jeweils legitime Möglichkeiten vorstellbar, wie sich eine solche Einführung anlegen lässt: mehr oder weniger wissenschaftlich, stärker an der Person und ihrer Biographie orientiert oder vor allem an Sachthemen, mit größerer oder geringerer Aufmerksamkeit für den gesellschaftlich-religiösen und kirchlichen Kontext. Mein Buch stellt Leben und Werk sowie ihren Kontext getrennt dar. Es handelt sich dabei nicht um eine wissenschaftliche Abhandlung im strengen Sinn; vielmehr beschränkt es sich auf die Auswertung von veröffentlichten Werken und Selbstzeugnissen von Schillebeeckx, ohne den Gesamtbestand in allen Verästelungen einzubeziehen. Für das Leben von Schillebeeckx bis 1965 konnte ich mich auf den vorliegenden ersten Band der Biographie von Erik Borgman stützen. Bei den Werken wurden weitgehend deutsche Übersetzungen herangezogen, in manchen Fällen auch englische; wo keine Übersetzungen vorliegen, wurde auf das niederländische Original zurückgegriffen.

Es hat mir Freude bereitet, für dieses kleine Buch Leben und Werk von Edward Schillebeeckx wieder oder auch neu zu entdecken und seine Themen und Schwerpunktsetzungen einführend erschließen zu können. Ich konnte dabei an frühere Lektüren und Begegnungen anknüpfen und danke deshalb den vielen Freunden und Kollegen im In- und Ausland, die mir über Jahrzehnte hinweg dabei geholfen haben, in die Welt der systematischen Theologie und speziell in das flämisch-niederländische Umfeld hineinzuwachsen, in dem Leben und Denken von Schillebeeckx primär angesiedelt waren. Meinem ältesten und besten flämischen Freund ist das Buch gewidmet.

Diese Veröffentlichung geht auf einen Vorschlag von Lektor Clemens Carl zurück, der auch nicht die Geduld verlor, als sich die Arbeit länger als geplant hinzog, und sie stets kompetent und sensibel begleitet hat. Ihm gebührt ein besonders herzlicher Dank.

Elzach, im März 2019 — Ulrich Ruh

Inhalt

Leben

Denken

1.
Einleitung: Theologie und Biographie

Theologie findet nie im luftleeren Raum statt. Sie ist mitgeprägt nicht zuletzt vom Leben der Person, die jeweils das theologische Geschäft betreibt, im Nachdenken, Lehren oder Bücherschreiben. Das gilt auch für dieses Buch über den flämisch-niederländischen Dominikaner Edward Schillebeeckx, eine der großen Gestalten der Theologie im 20. Jahrhundert. Schillebeeckx hat zu Recht vor allem durch sein großes Jesus-Buch von 1974 auf sich aufmerksam gemacht, war aber auch davor und danach ein wichtiger theologischer Anreger, nicht zuletzt im Zusammenhang mit dem Zweiten Vatikanischen Konzil. Allerdings ist er jedenfalls im deutschen Sprachraum inzwischen nicht mehr im Fokus des Interesses, was nur zu bedauern ist. Denn es wäre für Kirche und Theologie durchaus die Mühe wert, ihn und sein Werk neu zu entdecken. Dazu soll dieses einführende Buch einen kleinen Beitrag leisten.

Ich durfte Schillebeeckx ein einziges Mal persönlich treffen: Im Herbst 1979 unternahm ich für die Herder Korrespondenz eine Recherchereise in die Niederlande, um mir vor der Sondersynode der niederländischen Bischöfe im Januar 1980 ein direktes Bild von der kirchlichen Situation im Land machen zu können. Sie führte mich auch nach Nimwegen, wo ich Gelegenheit zu einem längeren Gespräch mit Edward Schillebeeckx über seine Einschätzung der aktuellen innerkirchlichen Spannungen in den Niederlanden und ihre Hintergründe hatte. Er erwies sich dabei als so freundlicher wie nüchtern-kompetenter Gesprächspartner. Bis dato kannte ich ihn vor allem als Verfasser dickleibiger theologischer Bücher über Jesus oder über Gnade und Heil; jetzt lernte ich ihn als aufmerksamen Zeitgenossen und genauen Kenner der damals aufgewühlten und polarisierten kirchlichen Szene seines Heimatlandes kennen.

Der Niederlande-Reise als Redakteur der Herder Korrespondenz waren nicht wenige private Besuche in den Niederlanden und mehr noch im flämischen Teil Belgiens vorausgegangen. Es hatte mit einer zweiwöchigen Fahrradtour mit meinem Bruder durch die Niederlande im Sommer 1967 begonnen, bei der ich auch meine zuvor im Selbststudium erworbenen Kenntnisse der Landessprache erstmals ausprobieren konnte. Dem folgte dann eine Rundreise durch verschiedene flämische Städte drei Jahre später. Ausgerechnet meine beiden Tübinger Studiensemester 1971/72 legten dann den Grundstein für eine bleibende Vertrautheit mit den Ländern Belgien und Niederlande sowie vor allem mit der niederländischen Sprache.

Zu meinem Tübinger Freundeskreis zählten nämlich ein niederländischer Germanist und ein Klassischer Philologe aus Brügge. Sie setzten ihre Studien später in ihren Heimatländern fort, und ich wurde zum regelmäßigen Gast in Utrecht und nicht zuletzt in Löwen, in dessen studentischem beziehungsweise akademischem Betrieb ich über Jahre hinweg mehr zuhause war als in den allermeisten Städten Deutschlands. Ich durfte die aufwändige Hochzeit meines flämischen Freundes (mit Trauung in der gotischen Löwener

Beginenhofkirche) genauso mitfeiern wie die Promotion meines niederländischen Freundes an der altehrwürdigen „Rijksuniversiteit" von Leiden über die Gestalt des Pfarrers in den Romanen Theodor Fontanes (Titel: „Der Selbstverständliche Geistliche"). Der Promovend musste dabei im Frack erscheinen!

Als ich dann im Frühjahr 1979 meine Arbeit als Redakteur der Herder Korrespondenz begann, konnte ich meine niederländischen Sprach- und Landeskenntnisse zu meiner großen Freude von Anfang an voll einbringen – mein damaliger Chef war von dieser speziellen Kompetenz eher überrascht. Es gab regelmäßig etwas aus dem Bereich von Kirche und Religion in den Niederlanden zu berichten, angefangen mit einem Artikel zur Aufregung über ein Interview des Roermonder Bischofs Gijsen, über die Sondersynode bis zu dem kontrastreichen Besuch, der Johannes Paul II. im Mai 1985 in die Niederlande und anschließend nach Luxemburg und Belgien führte. Ich konnte beim Papstbesuch als Pressevertreter live vor Ort sein und dabei in Augenschein nehmen, wie unterschiedlich der niederländische und der belgische (besser gesagt: der flämische) Katholizismus und auch die jeweiligen Länder tickten: auf der einen Seite ein gut organisierter Massenzulauf zu den Gottesdiensten mit dem Papst, auf der anderen Seite ziemlich leere Straßen und sogar unschöne Proteste gegen den Besuch Johannes Pauls II.

Jahre später konnte ich für die Herder Korrespondenz den unlängst verstorbenen damaligen Erzbischof von Mecheln-Brüssel, Kardinal Godfried Danneels, interviewen. Es ging dabei nicht um den Katholizismus in Belgien, sondern um den Kurs der Kirche im Pontifikat von Johannes Paul II. und das

Verhältnis von Papst und Bischöfen insgesamt. Über Jahre hinweg hatte ich gute Kontakte zu Kirchenjournalisten aus Flandern wie aus den Niederlanden, habe mich mit ihnen über Gott und die Welt, vor allem natürlich über kirchlich-religiöse Entwicklungen hierzulande wie bei ihnen daheim, ausgetauscht und gelegentlich auch für ihre Blätter geschrieben. An der Katholischen Akademie des Erzbistums Köln in Bensberg durfte ich zusammen mit Referenten aus den Niederlanden bei einer Tagung einem deutschen Publikum die besondere Entwicklung der Kirche im westlichen Nachbarland nahebringen.

Auch mit dem inzwischen emeritierten Edward Schillebeeckx bekam ich in diesen Jahren wieder zu tun, zwar nicht als Gesprächspartner, aber als Übersetzer. 1986 erschien sein kleines Buch mit dem Titel „Als politiek niet alles is … Jezus in de westerse cultuur", ein komprimierter Durchgang durch sein Denken über Gott, Jesus Christus und die Kirche und ihre politische Verantwortung. Es machte mir große Freude, gerade dieses Buch ins Deutsche übersetzen zu dürfen, das dann 1987 beim Verlag Herder als „Weil Politik nicht alles ist. Von Gott reden in einer gefährdeten Welt" herauskam. In Schillebeeckx' Wohnort Nimwegen war ich noch einmal Ende November 1990 tätig, als Festredner bei der Jahresversammlung des „Katholiek Instituut voor Massamedia", mit einem Vortrag über das damals hochaktuelle Thema „Die Veränderungen im östlichen Europa und die Rolle der Massenmedien".

An der Katholischen Universität Nimwegen fand dann auch im Jahr 1995 der dritte Kongress der „Europäischen Gesellschaft für Katholische Theologie" statt, an dem ich wie am Gründungskongress in Stuttgart-Hohenheim teilnahm.

Am Ende meiner Zeit bei der Herder Korrespondenz konnte ich noch einmal in Sachen belgisch/niederländischer Katholizismus aktiv werden, als ich das ungeschminkt-mutige Memorandum des seit 2009 amtierenden Antwerpener Bischofs Johan Bonny zur Bischofssynode von 2014/15 über Ehe und Familie ins Deutsche übersetzte. Es erregte auch in der katholischen Kirche der Bundesrepublik einiges Aufsehen.

Dieses Buch über Leben und Werk von Edward Schillebeeckx hat also eine längere persönliche Vorgeschichte, jedenfalls was seinen regionalen, sprachlichen und kirchlichen Kontext anbelangt. Ohne diese Vorgeschichte hätte es auch kaum so geschrieben werden können. Es geht sein Thema sozusagen „von außen" an, indem es zunächst den kirchlich-theologischen Hintergrund im Katholizismus insgesamt wie in Europa und in Belgien, Frankreich und den Niederlanden darstellt, auf dem sich das lange Leben von Schillebeeckx abspielte. Darauf folgen Kapitel zur Biographie des Dominikanertheologen, zunächst über die Jahre in Belgien und dann die in den Niederlanden, sowie zu seinem Werk, wobei die beiden „Jesusbücher" im Mittelpunkt stehen. Ein abschließendes Kapitel fragt dann nach Perspektiven, die sich aus dem Denken von Edward Schillebeeckx für die heutige Situation von Glauben und Kirche ergeben können.

Bei der Arbeit an diesem Buch habe ich nicht zuletzt die Art und Weise schätzen gelernt, in der Schillebeeckx Theologie getrieben hat: Er war sich immer dessen bewusst und hat auch ausdrücklich verteidigt, wie unverzichtbar eine rationale Theologie ist, und hat gleichzeitig ihre Grenzen gesehen und sie damit relativiert. Mit seinen eigenen Formulierungen: Das Warum meines Glaubens an Jesus als entscheidendes Heil lässt sich nur im Glauben begründen; aber von dem Augenblick an, da ich über meinen Glauben spreche, „werde ich verletzbar für die Forderungen der kritischen Rationalität“[1]. Diese Sätze könnten als Überschrift über seinem gesamten Werk stehen – und sie sollten auch heute als Richtschnur für jedes theologische Denken dienen. Ich habe jedenfalls immer versucht, mich beim Recherchieren und Schreiben daran zu orientieren.

---

1 Edward Schillebeeckx: Jesus. Die Geschichte von einem Lebenden, Freiburg 1975, 26.

2.
Der kirchliche und theologische Kontext für Leben und Wirken von E. Schillebeeckx

Das Leben von Edward Schillebeeckx (1914–2009) erstreckte sich praktisch über das gesamte 20. Jahrhundert: die „Urkatastrophe" Erster Weltkrieg, die Russische Revolution und das aus ihr entstandene totalitäre System, die Diktatur des Nationalsozialismus und der von Deutschland ausgelöste Zweite Weltkrieg, die ökonomische und politische Stabilisierung und Einigung des westlichen Europa nach dem Krieg, die friedliche Wiedervereinigung Deutschlands und Europas nach 1989. In diesen Jahrzehnten erlebten die Menschen massive Krisen und Katastrophen, aber auch die Festigung bzw. Wiederherstellung des demokratischen Systems und vielfach Verbesserungen ihrer materiellen Lebensverhältnisse. Die christlichen Kirchen als traditionell wichtigste religiöse Akteure in Europa waren aktiv wie passiv in diese Prozesse involviert, teilweise als Mitgestalter, teilweise auch als Opfer. Dabei kam der katholischen Kirche als der mit großem Abstand mitgliederstärksten christlichen Gemeinschaft eine besondere Bedeutung zu.

Schillebeeckx erlebte wie auch seine Zeitgenossen die katholische Kirche in einer Epoche des Umbruchs, in der sich auf eine spezifische Weise Kontinuität mit Neuansätzen verschränkte. Für die Kontinuität steht beispielsweise die herausgehobene Stellung des Papstamtes mit seinen umfassenden rechtlichen Prärogativen, ein Erbe vor allem des Ersten Vatikanischen Konzils (1869/70), das den päpstlichen Lehr- und Jurisdiktionsprimat zum Dogma erhob, vom Zweiten Vatikanum (1962–1965) nicht grundlegend angetastet. Die Päpste von Pius X. (1903–1914) bis Johannes Paul II. (1978–2005) haben sich alle in diesem Rahmen bewegt, ihn allerdings sehr unterschiedlich ausgestaltet. Die katholische Kirche gab sich am Anfang des 20. Jahrhunderts mit dem „Codex Iuris Canonici" von 1917 erstmals in ihrer Geschichte eine einheitliche Rechtsordnung, die von der Neufassung des Codex am Ende des Jahrhunderts (1983) strukturell nicht verändert wurde, ungeachtet vieler Änderungen in einzelnen Bereichen. Auch die „Ständeordnung" innerhalb der katholischen Kirche, die sie von anderen christlichen Gemeinschaften unterscheidet, ist im Grundsatz die gleiche geblieben: Neben der Mehrheit der Laienchristen gibt es die männlichen Kleriker mit einem besonderen rechtlichen Status (etwa dem Pflichtzölibat) sowie Ordensangehörige beiderlei Geschlechts mit ihren spezifischen Gelübden. Kontinuität durch das Jahrhundert hindurch ist schließlich auch in wichtigen Ausdrucksformen von katholischer Frömmigkeit festzustellen. So ist vor allem die Anziehungskraft großer (Lourdes, Fátima), aber auch kleinerer marianischer Wallfahrtsorte in verschiedenen Weltregionen ungebrochen. Kontinuierlich ist im 20. Jahrhundert auch die Zahl der Personen angewachsen, die durch formelle kirchliche Akte in den Stand von „Seligen" oder „Heiligen" erhoben wurden.

Gleichzeitig hat sich die katholische Kirche im 20. Jahrhundert aber auch verändert, schon in der Verteilung ihrer Mitglieder auf die verschiedenen Kontinente. Am Anfang des Jahrhunderts war sie noch eine stark eurozentrisch geprägte

Glaubensgemeinschaft, die europäische – nicht zuletzt niederländische und belgische – Priester und Ordensleute als Missionare vor allem nach Afrika und nach Asien schickte, wo durch den europäischen Kolonialismus Chancen auf die Christianisierung der einheimischen Bevölkerung entstanden. Inzwischen ist die Zahl der Katholiken in vielen Ländern Afrikas und in Teilen Asiens stark gewachsen und nimmt auch noch weiter zu. Vielfach blüht dort das religiös-kirchliche Leben, leistet die Kirche mit Sozialeinrichtungen und Schulen einen wichtigen Beitrag für die Entwicklung der jeweiligen Länder. Auch die meisten Ordensgemeinschaften beziehen ihren Nachwuchs heute zum allergrößten Teil aus den „jungen“ Ortskirchen außerhalb Europas und Nordamerikas.

Im Laufe des 20. Jahrhunderts haben sich auch Verschiebungen bei den Strukturen und Schwerpunkten der Laienmitarbeit in der Kirche ergeben: Die vor allem seit Pius XI. (1922–1939) kirchenamtlich favorisierte Organisationsform der „Katholischen Aktion“ (Laienorganisationen mit enger Anbindung an das kirchliche Amt und seine Autorität) hat an Bedeutung verloren; dafür ist das Gewicht geistlicher Gemeinschaften und Bewegungen vor allem charismatischer Prägung in etlichen Ortskirchen gewachsen. Das gottesdienstliche Leben in den Gemeinden wurde durch die in der Liturgiekonstitution des Zweiten Vatikanums angestoßene Liturgiereform grundlegend umgestaltet; so werden Eucharistiefeiern inzwischen überall in den jeweiligen Landessprachen begangen, nicht mehr im einheitlichen, für normale Gläubige kaum verständlichen Latein. Die katechetische Hinführung von Kindern und Jugendlichen zu den Initiationssakramenten Taufe, Firmung und Eucharistie ist vielerorts intensiver geworden. Deutlich geändert hat sich in den vergangenen Jahrzehnten nicht zuletzt auch das Verhältnis der katholischen Kirche zur nichtkatholischen Christenheit. Nach Jahrzehnten der Distanz zur ökumenischen Bewegung versteht sie sich seit dem Zweiten Vatikanischen Konzil und dessen Dekret über den Ökumenismus als aktiver Mitspieler in der ökumenischen Bewegung, führt mit anderen christlichen Gemeinschaften auf Weltebene offizielle theologische Lehrgespräche und arbeitet vielerorts mit ihnen mehr oder weniger intensiv auf den verschiedensten Gebieten zusammen. Verbindliche Vereinbarungen über Kirchengemeinschaft zwischen katholischer Kirche und anderen christlichen Gemeinschaften sind allerdings nicht in Sicht und auch in absehbarer Zeit kaum zu erwarten.

Innerhalb der katholischen Weltkirche hatte und hat die katholische Kirche auf dem europäischen Kontinent ein spezifisches Profil, gerade auch im 20. Jahrhundert. Sie teilt ihn sich seit dem frühen Mittelalter mit den orthodoxen Kirchen und seit dem 16. Jahrhundert mit den verschiedenen Kirchen, die aus der Reformation hervorgegangen sind, ist teilweise eine die nationale Kultur maßgeblich prägende Größe, der die allermeisten Christen im jeweiligen Land angehören, teilweise eine mehr oder weniger starke Minderheit unter anderen Konfessionen. Am Beginn des Jahrhunderts war sie vielerorts geprägt durch das aus dem 19. Jahrhundert geerbte Bemühen, die eigenen Kräfte gegenüber liberalen und laizistischen Bewegungen zu sammeln und sich möglichst geschlossen-einheitlich aufzustellen und dadurch im gesellschaftlichen Leben als eigenständige Größe zu behaupten: etwa in Deutschland, wo die Katholiken ein Drittel der Bevölkerung stellten. Dort gab es als Gegengewicht zum kulturell dominierenden Protestantismus ein starkes katholisches Verbandswesen, eine einflussreiche katholische Partei (das „Zentrum"), entwickelte sich vielerorts das sprichwörtliche katholische „Milieu" als soziales und kulturelles Netzwerk.

Die Katholiken und die beiden Weltkriege

Nach dem Ersten Weltkrieg geriet der europäische Katholizismus dann in mancher Hinsicht in Bewegung. Es entwickelten sich zum einen neue, stark gemeinschaftsbezogene Formen von Kirchlichkeit etwa in Jugendbewegungen, eine bewusste Hinwendung zu lebendigeren Feiern des Gottesdienstes und zur Bibel als Quelle und Stütze der Frömmigkeit. (Es war seinerzeit vom „Erwachen der Kirche in den Seelen" die Rede.) Zum anderen blieben die Katholiken nicht unberührt von den ideologischen Auseinandersetzungen zwischen „Rechts" und „Links", die damals Europa erschütterten, und von der zunehmenden Ausbreitung autoritärer, rechtsnationaler Regierungsformen mit teils katholischer Grundierung. Im katholischen Kernland Spanien blieb unter General Francisco Franco ein entsprechendes Regime bis in die 70er Jahre des 20. Jahrhunderts an der Macht.

Als Folge des Zweiten Weltkriegs gerieten Teile der katholischen Kirche in Europa unter kommunistische Herrschaft, sowohl das geschlossen und überzeugt katholische Polen wie die Tschechoslowakei mit ihrem im tschechischen Landesteil eher schwachen, weil in der Gegenreformation aufgezwungenen Katholizismus. In Deutschland war die sowjetische Besatzungszone und spätere „Deutsche Demokratische Republik" (ab 1949) dagegen weitgehend protestantisch geprägt. Die christlichen Kirchen, gerade auch die katholische Kirche, hatten bis zur Überwindung des Kommunismus im Jahr 1989 nur einen eingeschränkten Spielraum, wurden teilweise auch massiv unter Druck gesetzt oder aktiv verfolgt. In der Westhälfte des geteilten Europa, nicht zuletzt in der 1949 entstandenen Bundesrepublik Deutschland, konnte sich die katholische Kirche wie auch die anderen christlichen Kirchen dagegen in der Zeit nach dem Zweiten Weltkrieg frei entfalten. In der Bundesrepublik wurde die als christliche Sammlungsbewegung von Katholiken und Protestanten neu gegründete „Christlich-Demokratische Union" unter Konrad Adenauer zur lange Zeit führenden Regierungspartei; in Italien hatte die „Democrazia Cristiana" als Gegengewicht zur starken Kommunistischen Partei eine vergleichbare Stellung. Die europäische Einigung, die mit den „Römischen Verträgen" von 1957 begann (damals unterzeichneten die Bundesrepublik Deutschland, Frankreich, Italien, Belgien, Luxemburg und die Niederlande die Verträge über die Bildung einer Europäischen Wirtschaftsgemeinschaft und einer Europäischen Atomgemeinschaft), war jedenfalls in ihren Anfangsjahren ein ausgesprochen „katholisches Projekt", von unverkennbarer kirchlicher Sympathie begleitet. Mit dem Ende des Pontifikats von Pius XII. (1939–1958) und der Einberufung eines Konzils durch seinen Nachfolger Johannes XXIII. (1958–1963) erhielten Reformkräfte im europäischen Katholizismus größeren Spielraum und konnten Einfluss auf die kirchliche Entwicklung nehmen.

Gleichzeitig erwiesen sich Hoffnungen auf einen Aufschwung des kirchlichen Lebens und auf eine „Rechristianisierung" des freien Europa allerdings als trügerisch. Es machte sich vielmehr spätestens seit den 60er Jahren des 20. Jahrhunderts im Katholizismus vieler europäischer Länder westlich des „Eisernen Vorhangs" ein Erosionsprozess bemerkbar, gegen den auch die auf innere Erneuerung und Öffnung zur Welt der Moderne zielenden Beschlüsse des Zweiten Vatikanischen Konzils nur wenig ausrichten konnten. In Deutschland ging der Anteil der Katholiken, die am Sonntag zum Gottesdienst kommen, massiv zurück und liegt inzwischen im Schnitt der Bistümer bei etwa zehn Prozent (vor fünfzig Jahren waren es noch etwa die Hälfte). Ähnliches gilt für katholische Ortskirchen in anderen europäischen Ländern. Insgesamt hat die Beteiligung am kirchlichen Leben abgenommen und ist die Vertrautheit mit der christlichen Tradition zurückgegangen. Es gilt das Prinzip „Kirche bei Gelegenheit" (so der sprechende Titel einer der Mitgliedschaftsuntersuchungen der Evangelischen Kirche in Deutschland): Man nimmt normalerweise kirchliche Angebote nur an herausragenden Terminen im Jahreslauf (vor allem an Weihnachten) oder als meist primär familienbezogene „rites de passage" (Taufe, Erstkommunion, Konfirmation, Trauung, Beerdigung) wahr, und hat zum christlichen Glaubens- und Symbolsystem ansonsten kaum einen Bezug.

Das Jahr 1989 bildete für die Kirche in Europa insofern eine Zäsur, als nach dem Ende der kommunistischen Herrschaft Kontakte und der Austausch zwischen den Christen und ihren Kirchen in beiden, bis dato politisch-weltanschaulich getrennten Hälften des Kontinents wieder ungehindert möglich sind. Im kirchlichen Leben der ehemals kommunistisch regierten Länder machen sich seit der Etablierung demokratischer Systeme und einer pluralistischen kulturellen Szene teilweise traditionelle Prägungen der vorkommunistischen Zeit wieder bemerkbar, etwa eine starke Betonung des Werts der eigenen Nation und ihrer religiösen Prägung. Das entschiedene Eintreten des aus Polen stammenden Papstes Johannes Paul II. (er war vor seiner Wahl zum Papst Erzbischof von Krakau) für Freiheit in Kirche und Gesellschaft seines Heimatlands war unbestritten ein wichtiger Faktor für die „Wende" im damaligen Ostblock. Allerdings stießen die Appelle des Papstes zugunsten einer Wiederentdeckung des christlichen Erbes in den Ländern des westlichen Europa und seine Bemühungen, dort eine „Neuevangelisierung" anzustoßen, in der Breite auf wenig Resonanz.

Die Erosionsprozesse der letzten Jahrzehnte machten sich übrigens nicht nur in weiten Teilen der katholischen Kirche in Europa bemerkbar, sondern betrafen in meist größerem Umfang auch die großen reformatorischen Kirchen des Kontinents, etwa die anglikanische „Kirche von England" oder die lutherischen Nationalkirchen Skandinaviens. Inzwischen wird das Christentum in vielen europäischen Ländern stärker als in den ersten Jahrzehnten des 20. Jahrhunderts durch den Islam als ungewohnten religiösen Akteur herausgefordert: Die Muslime sind durch den Zustrom von Arbeitsmigranten und Flüchtlingen praktisch überall zur größten Religionsgemeinschaft nach den christlichen Kirchen geworden, nicht zuletzt auch in Deutschland, wo sie etwa fünf Prozent der Bevölkerung ausmachen. Es ergeben sich nicht nur Probleme mit ihrer gesellschaftlichen Integration, sondern durch ihre sichtbare Präsenz gerät die Frage nach der christlichen Prägung Europas beziehungsweise nach der Rolle der christlichen Kirchen im gesellschaftlichen Gefüge neu – und durchaus kontrovers – auf die Tagesordnung. Der Versuch, in der Präambel des 2007 unterzeichneten Verfassungsvertrags („Vertrag von Lissabon“) für die Europäische Union eine ausdrückliche Erwähnung des Christentums zu verankern, hatte jedenfalls keinen Erfolg, wobei in dieser Frage auch die Kirchen in Europa nicht an einem Strang zogen.

Drei Länder mit unterschiedlicher Prägung

Die drei Länder, in denen sich das Leben von Edward Schillebeeckx abspielte, gehören zum westlichen Teil Europas: Belgien, Frankreich und die Niederlande. In Belgien wie in Frankreich ist die katholische Kirche bis heute mit großem Abstand die prägende christliche Mehrheitskonfession; beide Länder gehören sozusagen zum Kernbestand des „katholischen Europa“. Anders liegt der Fall bei den Niederlanden: Im 16./17. Jahrhundert durch die Loslösung der reformierten nördlichen Provinzen von den damaligen spanischen Niederlanden entstanden, waren sie seither lange ein Land mit vorherrschend protestantischer Prägung, wenn auch immer mit einer beträchtlichen katholischen Minderheit, vor allem in den geschlossen katholischen Südprovinzen Limburg und Nordbrabant. Inzwischen ist allerdings die katholische Kirche zur größten christlichen Gemeinschaft geworden, während der Anteil der Protestanten an der Bevölkerung stark abgenommen hat. Aktuelle Statistiken sprechen von 22 Prozent katholischen und 10 Prozent protestantischen Kirchenmitgliedern (Angehörige der „Protestantischen Kirche in den Niederlanden", die aus dem Zusammenschluss zweier großer reformierter und der kleinen lutherischen Kirche entstanden ist).

Die kirchlich-religiöse Lage im Frankreich des 20. Jahrhunderts ist nicht zu verstehen ohne das für dieses Land charakteristische doppelte Erbe: auf der einen Seite die katholische Prägung (Frankreich als die „älteste Tochter der Kirche"), verkörpert nicht zuletzt durch die katholische Monarchie und eine reiche architektonische wie spirituelle Hinterlassenschaft, auf der anderen Seite die Revolution mit ihrer zeitweise radikalen Frontstellung gegen katholische Kirche und Christentum. Die darauf im 19. Jahrhundert folgenden Kulturkämpfe zwischen Katholizismus und Laizismus mündeten 1905 in das Gesetz zur Trennung von Staat und Kirche. Gleichzeitig machten sich ebenso radikale Gegenkräfte bemerkbar, etwa die „Action française" unter Charles Maurras, die die republikanische Ordnung ablehnte und auf eine Wiederherstellung der Monarchie zielte.

Nach dem Ersten Weltkrieg entspannte sich das Verhältnis zwischen der französischen Republik und der katholischen Kirche. Im Geistesleben gewannen durch den „Renouveau Catholique" Intellektuelle und Schriftsteller an Bedeutung, die ihr Schaffen als „zukunftsweisende christliche, nicht konfessionelle Antwort auf die Herausforderung der Moderne" verstanden[1], etwa Georges Bernanos, Paul Claudel oder Charles Péguy. Einen markanten Akzent setzte 1943 das Buch von Henri Godin und Yves Daniel mit dem aufrüttelnden Titel „La France, pays de mission", das auf die Entkirch-

1 Volker Kapp: Art. „Renouveau catholique", in: Lexikon für Theologie und Kirche, 3. Auflage, Band 8, Sp. 1110.

lichung vor allem der französischen Arbeiter hinwies und für neue Wege der Pastoral plädierte. Im gleichen Jahr gründete der damalige Pariser Erzbischof, Kardinal Emmanuel Suhard, die „Mission de Paris“ als Priestergemeinschaft zur Missionierung des Arbeitermilieus. Das nach der französischen Niederlage im zunächst von Deutschland nicht besetzten Landesteil errichtete Vichy-Regime unter Marschall Pétain wurde von vielen Katholiken unterstützt; es gab aber auch Katholiken in der französischen „Résistance“. Nach dem Zweiten Weltkrieg gewann eine Zeitlang eine christdemokratische Partei, das „Mouvement Républicain Populaire“, beträchtliches politisches Gewicht und stellte in der Vierten Republik (seit 1946) mehrere Ministerpräsidenten.

In der Fünften Republik unter Staatspräsident Charles de Gaulle (seit 1958) kam es 1959 zu einem Gesetz, das die Stellung der (meist katholischen) Privatschulen regelte, die in Frankreich von einer stattlichen Minderheit der Schüler besucht werden. Beim Zweiten Vatikanischen Konzil engagierten sich französische Teilnehmer nicht zuletzt für das Projekt einer Pastoralkonstitution sowie auch für die Liturgiekonstitution. In Frankreich hatte man sich schon vor dem Konzil vielfach um eine Erneuerung der katholischen Gottesdienstfeiern bemüht, weshalb die Liturgiereform auf fruchtbaren Boden fiel. Nach dem Mai 1968 mit seinen Turbulenzen machten sich im französischen Katholizismus sowohl linke wie rechte Strömungen besonders deutlich bemerkbar: Der französische Erzbischof Marcel Lefebvre (1905–1991) wurde zum Bannerträger des rechtskatholischen Traditionalismus, der die Öffnungen des Zweiten Vatikanums bis heute ablehnt. Seine Bewegung hat in Frankreich überdurchschnittlich viel Zulauf. Eine Zeitlang machten auch französische Linkskatholiken von sich reden. 1977 veröffentlichte der Ständige Rat der Bischofskonferenz eine Erklärung über die Unvereinbarkeit von atheistischem Marxismus und Christentum. „Gleichzeitig erschien aber eine erläuternde Note der Bischöflichen Kommission für die Arbeitswelt, der zufolge ‚der Kampf für ihre Befreiung ein Kampf für den Menschen' sei."[2]

In den letzten Jahrzehnten wurde und wird der französische Katholizismus zunehmend von geistlichen Bewegungen geprägt, die größtenteils im Land selber entstanden sind. Sie haben vielfach ordensähnliche Strukturen, verbinden durch ihre jeweilige Spiritualität (oft charismatisch orientiert) feste Gemeinschaften und lockere Zugehörigkeit, haben geistliche Zentren und bieten große Treffen für Interessierte an. Auch aus der Priesterausbildung in Frankreich sind sie inzwischen kaum mehr wegzudenken. In Pfarrseelsorge und Katechese spielen ehrenamtliche Laienmitarbeiter eine wichtige Rolle, zumal es wenig Priesternachwuchs gibt. Die französischen Bischöfe nehmen ihre Leitungsaufgabe in der Regel eher zurückhaltend wahr und zeigen wenig öffentliches Profil. Es gibt allerdings Ausnahmen wie den früheren Erzbischof von Paris, den als Jude geborenen Konvertiten Jean-Marie Lustiger (1926–2007; von 1981–2005 Erzbischof). Mit ihrem „Brief an die französischen Katholiken" von 1996 gab die französische Bischofskonferenz einen auch in anderen europäischen Ortskirchen beachteten Impuls, indem sie das Stichwort „Proposer la foi" („Den Glauben vorschlagen") als Leitlinie

---

2 Marcel Albert OSB: Frankreich, in: Erwin Gatz (Hg.): Kirche und Katholizismus seit 1945, Band 1, Mittel-, West- und Nordeuropa, Paderborn 1998, 194.

für die Präsenz und den künftigen Weg des christlichen Glaubens stark machte. Im allgemeinen intellektuellen Leben Frankreichs spielt das Thema Religion durchaus eine Rolle, nicht nur im Blick auf den stark vertretenen Islam (in Frankreich ist die größte muslimische Gemeinschaft Europas beheimatet), sondern auch in Auseinandersetzung mit dem katholischen Erbe und seiner Bedeutung für die gesellschaftliche Selbstverständigung im säkularen Gemeinwesen, in dem noch immer starke laizistische Prägungen lebendig sind. Allerdings gilt auch: „In Frankreich zwingt die starke Präsenz des Islam den laizistischen Staat dazu, neuerlich von Religion als einer die Öffentlichkeit bestimmenden Kraft Kenntnis zu nehmen – nach einer langen Zeit des Nichtsehenwollens und der Verdrängung."[3]

„Katholisch, pluralistisch und zweigeteilt" – so überschrieb die Zeitschrift „Herder Korrespondenz" einen Bericht über die Kirche in Belgien im Vorfeld des Besuchs von Johannes Paul II. in den Benelux-Ländern im Mai 1985.[4] Tatsächlich ist ein Hauptmerkmal der katholischen Kirche im heutigen Belgien ihre Aufteilung in eine niederländischsprachige und eine französischsprachige Gemeinschaft, die jeweils ein eigenes Gepräge aufweisen; auch kirchliche Organisationen sind meist nach Sprachgebiet getrennt. Die belgischen Bistümer sind einsprachig, ausgenommen das Bistum Lüttich, zu dem die kleine deutsche Sprachgruppe in Ostbelgien gehört, und das Erzbistum Mecheln-Brüssel, das in drei Bezirke

3 Hans Maier: Religion, Staat und Laizität – ein deutsch-französischer Vergleich, in: Christentum und Gegenwart. Gesammelte Abhandlungen, Freiburg 2016, 374–385, 384.

4 Vgl. Herder Korrespondenz, Mai 1985, 226.

unterteilt ist, einen für das niederländische und einen für das französische Sprachgebiet in Brabant und einen für die offiziell zweisprachige Hauptstadt Brüssel.

Anfang des 20. Jahrhunderts war der Katholizismus im Königreich Belgien hoch organisiert und das katholische Milieu weitgehend intakt, unter strikter bischöflicher Aufsicht. Bestimmend waren als Erzbischöfe von Mecheln von 1906 bis 1926 Desirée Mercier und dann von 1926 bis 1961 Joseph Ernest Van Roey. Die katholische Kirche Belgiens geriet als mit Abstand wichtigste religiöse und gleichzeitig soziale Institution des Landes allerdings auch in die Auseinandersetzungen um die Aufwertung des Niederländisch sprechenden, flämischen Landesteils, die nach Beendigung des Zweiten Weltkriegs weiter eskalierten. Damals trat König Leopold III. angesichts eines von der politischen Linken ausgerufenen Generalstreiks zugunsten seines Sohnes Baudouin zurück, nachdem sich bei einer Volksabstimmung im März 1950 in Flandern 72 Prozent, in der Wallonie aber nur 42 Prozent und in Brüssel nur 48 Prozent der Abstimmenden für sein Verbleiben im Amt ausgesprochen hatten. In den 60er Jahren kam es dann zum heftigen Konflikt um die katholische Universität in Löwen, der auch die flämischen und wallonischen Bischöfe entzweite: Er endete 1968 mit der Trennung in eine niederländischsprachige und eine (im französischen Sprachgebiet südlich von Löwen mit dem Namen „Louvain-la-Neuve“ neu aufgebaute) französischsprachige Universität.

1985 urteilten Jan Kerkhofs und Hans Vanackere, die Kirche im wallonischen Landesteil sei weniger gefestigt als im flämischen, weniger stark mit den Christlichen Demokraten verbunden und werde auch nicht so sehr durch die Verbände geprägt. „Sie ist schon länger Minderheitskirche, die ihre eigene Dynamik entwickeln muß und sich dabei nicht auf den (im allgemeinen recht aufgeschlossenen) Klerus verlassen kann.“[5] Diese Unterschiede sind auch heute noch wahrzunehmen. Vor allem in Flandern ist das Netz an kirchlichen Bildungs- und Sozialeinrichtungen immer noch weitgehend intakt (so besuchen im flämischen Teil Belgiens derzeit über 70 Prozent der Schüler in der Sekundarstufe eine katholische Schule) und haben kirchliche Organisationen, etwa Jugendorganisationen, zahlreiche Mitglieder, allerdings bei gleichzeitiger Abnahme der festen Kirchenbindung und einer wachsenden Pluralisierung unter den Kirchenmitgliedern. Der kirchliche Katholizismus in Belgien sei von einem „sozial-kulturellen Christentum“ ersetzt worden, lautet eine Kurzformel; die katholischen Symbole würden von einem sehr großen Teil der Bevölkerung verstanden und „als ein gemeinsames Patrimonium“ aufgefasst.[6] Der belgische Staat trägt nach wie vor die Gehälter der katholischen Priester, Diakone und hauptamtlichen Laienmitarbeiter, wie auch des entsprechenden Personals in anderen Kirchen und Religionsgemeinschaften. Insgesamt bezeichnen sich nach der jüngsten Schätzung der Bischofskonferenz fast 53 Prozent der Belgier als Katholiken; etwa 9,5 Prozent als praktizierend.

---

5 Ebd., 230.

6 Lutgard Vrints: Art, „Belgien“, in: Religion in Geschichte und Gegenwart, 4. Auflage, Band 1, Sp. 1283.

Die niederländische „Versäulung“

Während sich die katholische Kirche in Belgien im 20. Jahrhundert insgesamt eher schrittweise und deshalb unauffällig veränderte, bot die Kirche im nördlichen Nachbarland das Beispiel für einen massiven Umschwung. Typisch für die Niederlande war das im 19. Jahrhundert grundgelegte System der „Versäulung“ („verzuiling“). Die frühere reformierte Staatskirche büßte damals durch verschiedene Abspaltungen ihre dominierende Stellung ein; 1853 wurde die in der Reformation untergegangene katholische Hierarchie mit fünf Bistümern wiederhergestellt. In der Folge kam es zum Aufbau einer reformierten, einer katholischen und einer nichtkirchlichen, sozialistischen „Säule“ in der Gesellschaft mit jeweils eigenen Parteien (so entstand 1896 die „Römisch-katholische Staatspartei“), gewerkschaftlichen und ständischen Organisationen, Erziehungs- und Sozialeinrichtungen, die weitgehend gegeneinander abgeschottet waren und das alltägliche Leben der Menschen (bis hin zum „katholischen Friseur“ oder Bäcker) bestimmten.

Nach der deutschen Besetzung im Zweiten Weltkrieg und der Befreiung der Niederlande setzten die Bischöfe auf eine Wiederherstellung der bisherigen katholischen „Säule“. Schon im Dezember 1945 wurde die „Römisch-katholische Staatspartei“ unter dem neuen Namen „Katholische Volkspartei“ wieder errichtet, die bei den ersten Nachkriegswahlen mit bischöflicher Empfehlung stärkste Kraft im Parlament wurde. In den 50er Jahren gab es allerdings „in den Pfarreien, in der Katholischen Aktion und in manchen Welt- und Ordenspriesterseminaren bereits unterschwellige Zeichen der

Gärung und einer Öffnung für die Folgen der wirtschaftlichen und technischen Modernisierung."[7] Rom reagierte unter anderem mit einer geheim durchgeführten Apostolischen Visitation der fünf diözesanen Priesterseminare und der Theologischen Fakultät der Katholischen Universität Nimwegen, die in der niederländischen Kirche für einige Unruhe sorgte.

In den Jahren nach dem Zweiten Vatikanischen Konzil, das die niederländischen Bischöfe und ihre Gläubigen auf eine neue Weise zusammenführte, machte dann die katholische Kirche in den Niederlanden durch weitreichende Versuche einer Umsetzung des Konzils auf die eigenen Verhältnisse von sich reden, etwa im Amts- und Gemeindeverständnis und in der Liturgie; die Niederlande wurden dadurch zum Anziehungspunkt für reformorientierte Katholiken aus anderen europäischen Ländern, nicht zuletzt aus Deutschland. Die Vertonungen von Texten des Priester-Dichters Huub Oosterhuis wurden zu einem viel beachteten Markenzeichen des kirchlichen Aufbruchs in den Niederlanden. Gleichzeitig fürchtete Rom ständig, die niederländischen Verhältnisse würden völlig außer Kontrolle geraten, und reagierte mit Gegenmaßnahmen. Es kam in den letzten Jahrzehnten zu einem beispiellos massiven Abbau der bisherigen Sozialform des niederländischen Katholizismus; so verschwanden von den 1960 bestehenden 161 katholischen Organisationen bis 1980 fast 100. Die „Katholische Volkspartei" schloss sich 1980 mit zwei protestantischen Parteien (der streng reformierten „Antirevolutionären Partei" und der liberal-protestantischen „Christlich-Hu-

7 Jan Jacobs: Die Niederlande, in: Erwin Gatz (Hg.), a. a. O. 248.

manistischen Union") zum „Christlich-Demokratischen Appell" (CDA) zusammen.

Die Sammlungsbewegung reformorientierter kirchlicher Gruppen und Bewegungen, die sich im Zusammenhang mit dem (einzigen) Besuch Johannes Pauls II. in den Niederlanden 1985 gebildet hatte, hat sich Jahre später wieder aufgelöst. Nur noch eine Minderheit der Niederländer gehört inzwischen formell einer christlichen Kirche an. Das Thema Religion ist allerdings in den Niederlanden durchaus präsent, nicht nur durch den inzwischen stark vertretenen Islam, sondern auch durch ein unspezifisches, undogmatisches Interesse an Spiritualität in verschiedenen Formen wie durch kleine, strenge Sondergruppen im reformierten Spektrum, die nach wie vor ihre regionalen Bastionen haben und auch in der Parteienlandschaft vertreten sind.

Eine theologische Engführung und ihre Überwindung

Das 20. Jahrhundert begann für die katholische Theologie mit einem römischen Paukenschlag: 1907 erließ Pius X. das Dekret „Lamentabili" und die Enzyklika „Pascendi dominici gregis", die sich gegen den theologischen Modernismus wandten. 1910 wurde dann der „Antimodernisteneid" für alle katholischen Theologen eingeführt. Durch diese Maßnahmen wurde in der katholischen Theologie ein historisch-kritischer Umgang mit der Bibel, wie er sich seit dem 18. Jahrhundert in der protestantischen Theologie weithin durchgesetzt hatte, ebenso blockiert wie eine Auseinandersetzung mit der Entwicklung des kirchlichen Dogmas, die dessen geschichtlicher Prägung Rechnung tragen konnte. Es herrschte die im 19. Jahrhundert entwickelte, letztlich ungeschichtlich denkende Neuscholastik: „Der Beitrag der Exegeten beschränkte sich vielfach darauf, dogmatischen Lehrsätzen nachträglich ein biblisches Fundament zu liefern. Kritische Anfragen an die Dogmatik formulierte die katholische Exegese nicht.“[8]

Die damit gegebene Engführung versuchten in den ersten Jahrzehnten des 20. Jahrhunderts Theologen wie etwa Karl Rahner (Deutschland), Hans Urs von Balthasar (Schweiz), Henri de Lubac, Yves Congar und Jean Daniélou (Frankreich) aufzubrechen, indem sie in ihren Veröffentlichungen das produktive Gespräch mit der neueren Philosophie seit Immanuel Kant und dem Deutschen Idealismus aufnahmen, die Dominanz der Neuscholastik durch den Rückgriff auf das Denken der antiken Kirchenväter hinterfragten und die biblische Botschaft in neuer Weise für die Theologie fruchtbar zu machen versuchten. Sie gerieten damit ins Visier des kirchlichen Lehramts, zuletzt noch einmal in der Enzyklika „Humani generis“ von Pius XII. aus dem Jahr 1950 mit ihrer Verurteilung von neueren theologischen Verstehensbemühungen. Wenige Jahre später fungierten dann die inkriminierten Theologen als wichtige Impulsgeber für das Zweite Vatikanische Konzil und als Ratgeber für die Bischöfe; vielfach flossen ihre Ansätze in die Dokumente des Konzils ein. Nach dem Konzil nutzte dann die katholische Theologie die durch Buchstabe wie Geist des Zweiten Vatikanums neu geschaffenen Freiräume offensiv aus.

8 Dirk Ansorge: Kleine Geschichte der christlichen Theologie, Regensburg 2017, 324.

Das zeigte sich vor allem auf dem Feld der Exegese, wo die katholische Bibelwissenschaft in historisch-kritischer Hinsicht einiges aufzuholen hatte und vielfach zu so etwas wie einer theologischen Leitdisziplin wurde. Zu nennen ist auch die Moraltheologie, die sich durch Ansätze einer autonomen Ethik im Kontext des christlichen Glaubens aus dem Korsett einer enggeführten Orientierung am „natürlichen" Sittengesetz löste. (Für Deutschland sei hier an entsprechende Veröffentlichungen von Alfons Auer oder Franz Böckle erinnert.) In der Dogmatik/Fundamentaltheologie wiederum legte Karl Rahner im Jahr 1976 seinen anspruchsvollen „Grundkurs des Glaubens" vor, der sein transzendentaltheologisches Denken systematisch entfaltete. Es erschienen auch Entwürfe, die den Glauben der Kirche insgesamt oder einzelne Traktate auf neue Weise darstellten, im Rückgriff auf die biblischen Zeugnisse und auf die wechselvolle Geschichte der dogmatischen Formulierungen, gleichzeitig mit dem Bemühen, überlieferte Glaubensaussagen im Horizont gegenwärtigen Denkens zu erschließen, etwa zur Christologie, zur Gnadenlehre oder zur Lehre von den Sakramenten. Die Nachkonzilszeit brachte auch erste Versuche einer bewusst kontextuellen Theologie: So veröffentlichte der Peruaner Gustavo Gutiérrez 1971 seine epochemachende „Theologie der Befreiung" und formulierte damit den Anspruch, Theologie im Blick auf die lateinamerikanische Situation von Ungerechtigkeit und Armut zu betreiben und die klassischen theologischen Themen aus diesem Blickwinkel neu zu lesen. Diese Anstöße fanden nicht nur in anderen Teilen der Dritten Welt Beachtung, sondern verbanden sich auch mit europäischen Überlegungen zu einer gesellschaftskritisch gewendeten Theologie im eigenen

Kontext. Die theologischen Neuaufbrüche führten nicht selten zu Konflikten mit dem kirchlichen Lehramt, nicht zuletzt im Fall der Theologie der Befreiung.

Neue Phase nach der konziliaren Erneuerung

Vieles von dem, was die nachkonziliare katholische Theologie umtrieb, hatte Parallelen im Theologietreiben in anderen Kirchen und Konfessionen. Das galt für kontextuelle Ansätze wie die Theologie der Befreiung oder auch für die etwa zur gleichen Zeit entstandene feministische Theologie mit ihrer „Kritik am Patriarchat in Kirche und Theologie“[9]. Das trifft aber auch auf die Überlegungen zu einer veränderten Theologie der Religionen zu, zu der auf katholischer Seite das Zweite Vatikanische Konzil mit seiner Erklärung „Nostra aetate“ über das Verhältnis der Kirche zu den nichtchristlichen Religionen die Tür aufgestoßen hat. Kontrovers diskutiert wurde und wird in diesem Zusammenhang vor allem die pluralistische Religionstheologie, in der man eine unzulässige Relativierung des Wahrheitsanspruchs der christlichen Offenbarung sieht. Daneben gibt es auch Ansätze einer komparativen Theologie etwa bei Versuchen des Gesprächs mit dem Islam. Verglichen mit dem Thema Religion und Religionen ist auch für die katholische Theologie die „klassische“ ökumenische Fragestellung nach der Auslotung der Möglichkeiten einer verbindlichen Gemeinschaft mit anderen christlichen Kirchen eher in den Hintergrund getreten.

9 Ebd., 352.

Die katholische Theologie ist insgesamt nach der Phase der nachkonziliaren Neuorientierung durch die Überwindung der auf lehramtliche Autorität und eine feste Wesensordnung fixierten Neuscholastik inzwischen in eine neue Phase eingetreten, die durch eine Pluralisierung ihrer Ansätze entsprechend dem jeweils im Vordergrund stehenden denkerischen und gesellschaftlich-religiösen Bezugssystem gekennzeichnet ist. In seinem Überblick nennt Dirk Ansorge als systematische Ansätze neuerer Theologie eine Phänomenologische Theologie aus der Erfahrung des Heiligen, eine Phänomenologische Theologie „an der Grenze" unter den Stichworten „Das Andere, die Gabe und der Leib", transzendentale Theologien unbedingter Anerkennung („Freiheit als Prinzip der Dogmatik"), dramatische Theologie („Soziale und politische Dimension") und „Radical Orthodoxy" („Die Welt im Licht des Glaubens"), Prozesstheologien und Analytische Religionsphilosophie.[10] Dem wären noch Theologien hinzuzufügen, die ohne theoretische Grundlegung auskommen, sondern sich mit Versatzstücken traditioneller Glaubensaussagen und der Anpassung an jeweilige pastorale Prozesse oder der Bestätigung bestimmter spiritueller Prägungen begnügen. Ob und in welcher Gestalt katholische Theologie beziehungsweise die wissenschaftliche Theologie überhaupt angesichts der Gesamtlage von Glaube und Kirche im 21. Jahrhundert eine Zukunft hat, muss sich zeigen.

10 Ebd., 375–397.

Leben

3a.
Schillebeeckx in Flandern (1914–1958)

Dass Edward Cornelis Florent Alfons Schillebeeckx im Jahr 1914 in Antwerpen, der größten Stadt des niederländischsprachigen Nordteils des seit 1830 bestehenden Königreichs Belgien, geboren wurde, war ein Zufall und hatte mit dem Ersten Weltkrieg zu tun, der in Westeuropa mit der deutschen Besetzung von Belgien begann. Die Familie wollte nach Kriegsausbruch von ihrem damaligen Wohnort Kortenberg, zwischen der Hauptstadt Brüssel und der Universitätsstadt Löwen gelegen, über den niederländischen Hafen Vlissingen nach England fliehen, blieb aber in Antwerpen bei Verwandten hängen, wo Edward dann am 12. November 1914 zur Welt kam. Er war schon das sechste Kind der Familie Schillebeeckx; später kamen noch acht Kinder dazu. Es waren neun Söhne und fünf Töchter. Der älteste Bruder des späteren Dominikaners Schillebeeckx wurde ebenfalls Ordensmann und ging als Jesuit 1927 ins damals noch britische Indien.

Edward Schillebeeckx charakterisierte im autobiographischen Rückblick Jahrzehnte später seine Kinderjahre in Kortenberg, heute eine Gemeinde mit knapp über 20.000 Einwohnern, wohin die Familie im Februar 1915 aus Antwerpen zurückkehrte, als „frei und glücklich".[1] Seinen Vater, von

1 Edward Schillebeeckx: Theologisch Testament. Notarieel nog niet verleden, Baarn 1994, 16.

Beruf als Buchprüfer im belgischen Finanzministerium tätig, beschrieb er als streng, aber von außergewöhnlicher Weisheit; er habe alle sie betreffenden Angelegenheiten und Probleme mit seinen Kindern besprochen, was damals selten gewesen sei. Der Vater sei auf eine rationale Art weise gewesen, seine Mutter Petronella Calis, die auf eine Karriere als Sängerin wegen Heirat und großer Familie verzichten musste, dagegen auf intuitive Art – „beide waren antiklerikal, aber durch und durch gläubig, katholisch."[2] Der kleine Edward wurde im Alter von sechs Jahren Ministrant. Im Gesprächsband mit Huub Oosterhuis und Piet Hoogeveen gab Edward Schillebeeckx später zu Protokoll, durch das Ministrieren und den Blick auf die Hostie sei zum ersten Mal der Gedanke bei ihm aufgetaucht, er solle auch Priester werden: „Ministrieren war doch etwas anderes als das normale Leben. Es war etwas Sakrales, das es im normalen Leben nicht gab und das ihm gleichzeitig Sinn verlieh."[3]

Nach den Sommerferien des Jahres 1926 begann für ihn die Gymnasialzeit; er besuchte wie auch die meisten seiner Brüder ein von den Jesuiten geleitetes Gymnasium mit Internat in Turnhout, einer Stadt nordöstlich von Antwerpen. Unterrichtssprache der Schule war allerdings Französisch – seinerzeit auch im niederländischsprachigen Teil Belgiens noch selbstverständlich. Das besondere Interesse während seiner Jahre am Gymnasium galt bei Edward Schillebeeckx den klassischen Sprachen, vor allem dem Griechischen. Eine Zeit

2 Ebd.

3 God is ieder ogenblik nieuw. Gesprekken met Edward Schillebeeckx: Door Huub Oosterhuis en Piet Hoogeveen, Baarn 1982, 13.

lang, so Schillebeeckx im Rückblick von 1994, habe er damals Griechischlehrer werden wollen. Er absolvierte das Gymnasium fast durchgängig als Klassenprimus, kümmerte sich gleichzeitig aber auch um Jungen aus Turnhout, die dort nicht unterrichtet wurden, sondern Dienste für die Schüler verrichteten. Ein Pater habe ihn damals gefragt, ob er diesen Jungen Katechismusunterricht geben wolle: „Ich tat das und rief eine kleine Zeitschrift für sie ins Leben, eine Art von Mitteilungsblatt, das ich mit eigenen Artikeln religiöser, informativer und unterhaltsamer Art vollschrieb, allerdings im beschränkten Horizont eines Internats!“[4]

Eine einschneidende biographische Zäsur für den jungen Edward Schillebeeckx war dann der Eintritt in den Dominikanerorden, den er am 20. September 1934 in Gent vollzog. Es hätte nahegelegen, dass er als Schüler eines Jesuitenkollegs und nach dem Vorbild seines älteren Bruders Louis bei den Jesuiten eingetreten wäre. Er war mit ungefähr 15 auch davon überzeugt, dass sein Weg in den Jesuitenorden führen würde, und zwar speziell in die jesuitische Mission in Indien – wie sein Bruder. Damals las er die Autobiographie des Jesuiten William Wallace (1864–1922), die unter dem Titel „From Evangelical to Catholic by Way of the East“ erschienen war (auf Englisch 1920, in französischer Übersetzung 1921 und auf Niederländisch dann 1925) und die ihm sein Bruder zur Lektüre empfohlen hatte. Wallace schildert darin seinen Versuch, durch lebendigen, lernbereiten Kontakt mit Hindus ihre Religion kennen zu lernen und den katholischen Glauben aus ihrer Religion heraus als deren Erfüllung

4 Theologisch Testament, 19.

und Vollendung zu erschließen. Erik Borgman fasst in seiner Biographie die entsprechende Disposition bei Schillebeeckx so zusammen: „Die Harmonie zwischen dem sozialen Interesse am Leben in Indien, dem intellektuellen Interesse an den indischen Religionen und der Überlegenheit des christlichen Glaubens, die in diesem Prozess von sich her ans Licht kommt, also alles das, was Wallace vorgeschlagen hatte, machte Schillebeeckx lange dazu bereit, auch nach Indien zu gehen, dort den Hinduismus und den Buddhismus zu studieren und sie mit dem Christentum zu vergleichen."[5]

In seinem autobiographischen Rückblick von 1994 nannte Schillebeeckx das Erlebnis von Berufungsexerzitien in seinen späten Gymnasialjahren als springenden Punkt für seine damalige Absage an ein Leben als Jesuit: Diese Exerzitien in einem Haus der Jesuiten wurden demnach von einem sehr strengen Ordensangehörigen gehalten, der in fast allen seinen Vorträgen über die Tugend der Keuschheit gesprochen habe. Er sei aus diesen Exerzitien einzig und allein mit der negativen Entscheidung herausgekommen: „In keinem Fall möchte ich Jesuit werden."[6] An anderer Stelle bezeichnete Schillebeeckx die damaligen Schülerexerzitien als eine „Form der Indoktrination unter dem Schleier der Objektivität. Tatsächlich war es ein Fischen nach Berufungen."[7] Das habe bei ihm gerade umgekehrt gewirkt und ihn dazu gebracht, dass er sich gegen die Jesuiten gewehrt habe.

---

5 Erik Borgman: Edward Schillebeeckx. A Theologian in his history, New York 2003, 32.

6 Theologisch Testament, 20.

7 God is ieder ogenblik nieuw, 19.

Ein eigenwilliger Dominikaner

Nach den Exerzitien ging Schillebeeckx, wie es offensichtlich schon damals seine Art war, systematisch vor und las zur Entscheidungsfindung Bücher über das Leben der vier Ordensgründer Benedikt, Franziskus, Dominikus und Ignatius von Loyola. Er kannte ja außer den Jesuiten keine Ordensgemeinschaft aus eigener Anschauung, wollte aber in jedem Fall Ordenspriester werden. Im Fall des Heiligen Dominikus konsultierte er ein Buch des französischen Dominikaners Humbert Clérissac (1864–1914): „L'esprit de Saint Dominique. Conférences spirituelles sur l'Ordre de Saint Dominique", das 1924 posthum erschienen war. Ergebnis dieser Lektüre: „Ich wurde betroffen durch das Gleichgewichtige an diesem Heiligen, durch seine heitere Botschaft, seine Weltoffenheit, seinen Akzent auf theologischem Studium, das auf die Predigt ausgerichtet war. Mein Entschluss stand fest: Ich werde Dominikaner."[8] Zehn Jahre zuvor antwortete Schillebeeckx auf die Frage, was ihn damals an Dominikus angezogen habe, es sei die Kombination des Intellektuellen mit etwas Universellem und Harmonischem gewesen. Er verwies dabei auf das Gleichgewicht zwischen dem Religiösen einerseits und dem Humanen und dem In-der-Welt-Sein andererseits.

Wie in Ordensgemeinschaften vorgeschrieben, hatte Schillebeeckx, der den Ordensnamen Henricus erhielt, bei den Dominikanern zunächst das Noviziat zu absolvieren. Es fiel ihm körperlich gesehen nicht leicht. In der zweiten Hälfte des einjährigen Noviziats erlitt er beim morgendlichen Chor-

8 Theologisch Testament, 21.

gebet einen Schwächeanfall und musste aus der Kirche getragen werden; es wurde bei ihm dann schwere Blutarmut festgestellt. Der Provinzial, der seinerzeit zufällig in Gent war, besuchte ihn im Krankenzimmer und sagte der Erinnerung nach zu ihm: „Besser ein lebendiger Esel als ein toter Löwe!“[9] Daraufhin wurde Schillebeeckx vom Fasten und vom nächtlichen Chorgebet dispensiert. Als späterer geistlicher Mentor für den Ordensnachwuchs habe er dann, so Schillebeeckx, seine Studenten immer gefragt, ob sie sich im Kloster glücklich und auch physisch wohl fühlten. Wenn das nicht der Fall gewesen sei, habe er sie konsequenterweise immer nach Hause geschickt.

Nach dem eher mühsamen Noviziat und den Ordensgelübden, die er am 21. September 1935 ablegte, begann das dreijährige Philosophiestudium in Gent, das Schillebeeckx mit einem der für seine intellektuelle Entwicklung wichtigsten Lehrer zusammenbrachte, nämlich mit dem Dominikaner Dominicus (Domien) De Petter (1905–1971), übrigens auch ein engagierter Befürworter der flämischen Bewegung im damals noch von französischer Sprache und Kultur dominierten Belgien. Schillebeeckx charakterisierte in seinem späteren autobiographischen Rückblick auf seine philosophischen Studienjahre De Petter folgendermaßen: „Verwurzelt in der thomistischen Tradition waren seine Vorlesungen ganz und gar offen für die moderne Philosophie. Er hatte am damals weltweit bekannten ‚Hoger Instituut voor Wijsbegeerte‘ an der Katholischen Universität Löwen studiert. Er strebte eine Synthese des Thomismus mit der Phänomenolo-

9 Ebd., 23.

gie Husserls an. Vor allem in seiner philosophischen Anthropologie vermochte er Aristotelismus und moderne Strömungen zu integrieren."[10] Er habe mit seinem Lehrer De Petter stundenlang über Philosophie geredet, „er als der Meister, ich als fragendes, kritisches Studentlein".[11]

De Petter habe ihm auch immer wieder Dispens von bestimmten Verpflichtungen des klösterlichen Lebens gegeben sowie die Erlaubnis, Bücher zu lesen, die auf dem damals noch bestehenden kirchlichen Index standen. Schillebeeckx erinnerte sich im Gespräch mit Oosterhuis und Hoogeveen von 1982 an einen bezeichnenden Hinweis von De Petter: Als dieser gehört habe, dass sich der Student Schillebeeckx schwertat mit dem Zugang zur thomistisch geprägten Theologie, habe er zu ihm gesagt: „Das geht nicht. Du musst dich richtig in die Theologie einleben. Wenn dir die ‚Summa' nichts sagt, dann fange mit Karl Adam an."[12] Tatsächlich kamen für Schillebeeckx dann etliche Anregungen für seinen theologischen Ansatz von dem in der Oberpfalz geborenen Tübinger Dogmatiker Karl Adam (1876–1966), der seinerzeit auch über das fachtheologische Publikum hinaus viel gelesen wurde, etwa seine Bücher „Christus unser Bruder" von 1926 und „Das Wesen des Katholizismus" von 1928.

Nach dem Philosophiestudium musste Schillebeeckx seinen einjährigen Militärdienst (als Sanitätssoldat) ableisten, der in Belgien auch für Geistliche verpflichtend war. In seinen Freistunden beim Militär widmete er sich der Beschäfti-

---

10 Ebd., 24.

11 Ebd.

12 God is ieder ogenblik nieuw, 24.

gung mit der Philosophie von Martin Heidegger, Edmund Husserl und Maurice Merleau-Ponty. Schon kurz nach dem Ende seiner regulären Dienstzeit wurde er im Herbst 1939 wieder zum Militär eingezogen – bald schon folgte der deutsche Überfall auf Belgien, die Niederlande, Luxemburg und Frankreich. Ohne aktiv in die Kriegshandlungen verwickelt zu werden, konnte er in einem Pensionat von Dominikanerinnen im nordfranzösischen Boulogne untertauchen, von wo er sich auf Schleichwegen im Frühsommer 1940 nach Löwen durchschlug. Dort konnte er am „Theologicum" der Dominikaner sein vierjähriges Studium der Theologie aufnehmen und wurde während dieser Zeit 1941 auch zum Priester geweiht.

Von seinem Theologiestudium war der junge Dominikaner Schillebeeckx nicht gerade begeistert: „Im Gegensatz zu den progressiven philosophischen Studien in Gent war das dominikanische Theologicum in Löwen damals noch viel stärker traditionell und altmodisch. Ich habe keine besonders guten Erinnerungen an meine damalige theologische Ausbildung im Löwener Theologicum, mit einigen Ausnahmen, etwa der neutestamentliche Exeget, ein Kirchenrechtler, der faktisch Moraltheologie lehrte in den Fußstapfen des Löwener Mediävisten, des Benediktiners Odon Lottin, und auch ein pragmatischer Kirchenhistoriker."[13] Letzterer habe auf die Frage von Studenten, wann Rom endlich Lehren aus der Geschichte ziehen werde und wie und wann sich der Vatikan endlich verändern könne, geantwortet, nur wenn man einen Baum darauf fallen lasse. Die Stimmung unter den Studenten

13 Theologisch Testament, 25.

trübte sich weiter ein, als die römische Verurteilung von Marie-Dominique Chenu (1895–1990) bekannt wurde, von dem noch genauer die Rede sein wird; mit ihm wurden auch Löwener Theologen sanktioniert.

Im Zuge dieser Maßnahmen verlor Domien De Petter sein Amt als „Regens Studiorum“ des dominikanischen Philosophicums und Theologicums in Löwen. Man hielt ihm von vatikanischer Seite eine zu starke Relativierung der traditionellen (neu)scholastischen Theologie und eine zu große Offenheit gegenüber der zeitgenössischen Philosophie vor. In diesem schwierigen Umfeld beendete Edward Schillebeeckx sein Theologiestudium, mit einer Arbeit über den Begriff „Sarx“ in den paulinischen Briefen, also weit weg von den damals lehramtlich inkriminierten Fragen. Er resümierte die Zeit seines Theologiestudiums Jahrzehnte später, es seien für einige der Ordensstudenten düstere und entmutigende Jahre gewesen, „vor allem weil inzwischen keine einzige Inspiration von der faktischen theologischen Ausbildung ausging, die ihnen zuteil wurde.“[14]

Herausfordernde Lehrjahre in Frankreich

Zwei Jahre nach Abschluss des theologischen Studiums in Löwen (er war damals als Dozent am Theologicum angestellt und gehörte mit anderen Dominikanern zum Gründerkreis der „Tijdschrift voor Geestelijk Leven“, deren Herausgeber er einige Jahre danach wurde) wurde Schillebeeckx nach Ende des

14 Ebd., 26.

Zweiten Weltkriegs 1945 von seinen Oberen nach Paris zum Weiterstudium geschickt. Er sollte sein theologisches Doktorat an der Theologischen Fakultät der französischen Dominikaner vorbereiten und blieb dort bis 1947. Es waren für den jungen belgischen Dominikaner prägende Jahre, vor allem durch seine Begegnung mit den französischen Theologen Marie-Dominique Chenu, Yves Congar und Henri-Marie Féret, einem Kirchengeschichtler. Den größten Einfluss auf Schillebeeckx hatte nach seinen eigenen Aussagen dabei der Dominikaner Chenu. Er widmete ihm anlässlich seines Todes am 11. Februar 1990 einen Nachruf, in dem er bekannte, er habe von ihm gelernt, dass es etwas Heiliges sei zu denken, und dem er bescheinigte, ein „Thomist durch und durch" gewesen zu sein.[15] Man wisse nicht, was man an ihm mehr bewundern solle: sein kreatives Genie oder sein warmes und menschliches Herz. Jahre vorher hatte er über Chenu gesagt, dieser sei vielleicht die Person gewesen, die sein Leben als Theologe am meisten inspiriert habe, „nicht so sehr durch das beeinflusst, was er sagte, sondern durch seine ganze beseelende Persönlichkeit."[16] Er sei für ihn die Verkörperung des dominikanischen Ideals gewesen, wie auch er es habe leben wollen.

Marie-Dominique Chenu[17] war Autor des 1937 erschienenen und 1943 indizierten Buchs „Une école de théologie: Le Saulchoir" und lehrte nach seinem von Rom verfügten Ausschluss aus dem Professorenkollegium der Dominikaner-

---

15 Edward Schillebeeckx: I am a Happy Theologian. Conversations with Francesco Strazzari, London 1994, 91.

16 God is ieder ogenblik nieuw, 29.

17 Vgl. André Duval: Chenu, Marie-Dominique, in: Lexikon für Theologie und Kirche, 3. Auflage, Band 2, Sp. 1034.

hochschule Le Saulchoir bei Paris zu der Zeit, als Schillebeeckx dort studierte, an der staatlichen École des Hautes Études als Spezialist für Philosophie und Theologie des Mittelalters, nicht zuletzt des Thomas von Aquin. Er war gleichzeitig aktiv an der Neuorientierung der katholischen Kirche in Frankreich beteiligt, für die das Stichwort „Mission de Paris“ und das Experiment der „Arbeiterpriester“ standen: der nicht zuletzt vom damaligen Erzbischof von Paris (im Amt seit 1940), Kardinal Emmanuel Suhard (1874–1949), geförderte Versuch, als Antwort auf die Entfremdung der französischen Arbeiterklasse von Christentum und Kirche neue Wege der Pastoral durch eine direkte, nicht nach traditionellem Verständnis missionarische Präsenz in kirchenfernen Milieus zu gehen. Schillebeeckx hatte während seiner Studien in Paris selber Kontakt mit Arbeiterpriestern. Er befasste sich in Frankreich unter Anleitung von Marie-Dominique Chenu mit dem 12. Jahrhundert und mit Thomas von Aquin in historischer Perspektive; außerdem besuchte er an der École des Hautes Études Vorlesungen bei den Professoren Paul Vignaux (einem Kenner des 14. Jahrhunderts), Édouard Paul Dhorme, einem Alttestamentler, und Henri-Charles Puech, dem Origenes- und Gnosisforscher, und hörte prominente Philosophen wie Étienne Gilson und Jean Wahl. Daneben kam auch die spannende kulturell-religiöse Gegenwart des Nachkriegsfrankreich nicht zu kurz: In der Zeitschrift „Kultuurleven“ veröffentlichte Schillebeeckx 1946 einen entsprechenden Artikel, dem er 1949 einen weiteren Artikel zur französischen Situation folgen ließ.[18]

---

18 Vgl. Edward Schillebeeckx: Kultuur en godsdienst in het huidige Frankrijk, in:

Nach dem Urteil von Erik Borgman bedeutete der Aufenthalt in Paris für Edward Schillebeeckx eine „neue Phase in seiner religiösen und theologischen Konfrontation mit der Moderne."[19] Nach dieser Phase ging es aus der Weltstadt Paris wieder zurück in das eher beschauliche Löwen (der Sprachenkonflikt, der zur Trennung in eine niederländisch- und eine neue französischsprachige Universität führte, eskalierte erst in den späten 60er Jahren), wo er von 1946 bis 1957 Dogmatik für die Theologiestudierenden aus dem Dominikanerorden lehrte, 1956/57 auch an der Katholischen Universität Löwen als Professor am „Hoger Instituut voor Godsdienstwetenschappen". Dort unterrichtete er theologische Laienstudenten. Gleichzeitig war Schillebeeckx für die geistliche Betreuung der damals etwa 60 studierenden Dominikaner tätig, war wöchentlicher Beichtvater in einem nahe bei Löwen gelegenen Dominikanerinnenkloster und im Löwener Gefängnis. Diese Verbindung von theologischem Studium und pastoraler Praxis habe für ihn gepasst, so Schillebeeckx in seinem autobiographischen Rückblick.

Er hatte allerdings ordensinterne Konflikte wegen seines neuen, menschenfreundlichen und kollegialen Stils im Umgang mit den jungen Dominikanern zu bestehen, die das Provinzialkapitel der flämischen Ordensprovinz und sogar den römischen Generalmagister beschäftigten. Schillebeeckx lebte seinerzeit unter den Ordensstudenten und nicht bei den Patres: Er habe kein Oberer sein wollen, sondern der Älteste

---

Kultuurleven 13/I (1946), 220–232; Bedenkingen rond het christelijk progressisme in Frankrijk, in: Kultuurleven 16/I (1949), 221–229.

19 Erik Borgman: Edward Schillebeeckx, 106.

von Brüdern, so im späteren autobiographischen Rückblick.[20] Seine Überlegungen zu einer sowohl der Tradition wie den gegenwärtigen Herausforderungen entsprechenden Gestalt des dominikanischen Ordenslebens fasste er in einem längeren, nicht veröffentlichten Text mit dem Titel „Dominikanische Spiritualität" zusammen.[21] In diese für Schillebeeckx durchaus anstrengende Etappe auf seinem Lebensweg (er war auch noch Chefredakteur der „Tijdschrift voor Geestelijk Leven" geworden) fiel dann seine für ihn überraschende Ernennung zum Dogmatikprofessor an der Katholischen Universität im niederländischen Nijmegen – aus dem belgischen beziehungsweise flämischen Theologen Edward Schillebeeckx wurde ein niederländischer.

---

20 Vgl. Theologisch Testament, 29f.

21 Vgl. Erik Borgman: Edward Schillebeeckx, 118.

3b.
Schillebeeckx in den Niederlanden (1958–2009)

Edward Schillebeeckx gilt in der Regel ungeachtet seiner belgischen Herkunft als niederländischer Theologe. Das hat zum einen damit zu tun, dass er seine am meisten beachteten Werke in seiner Zeit als Dogmatiker im niederländischen Nimwegen veröffentlicht hat, vor allem sein großes, Aufsehen erregendes Buch über Jesus. Es hängt zum anderen damit zusammen, dass in seine niederländischen Jahre das Zweite Vatikanische Konzil als katholisches Schlüsselereignis des 20. Jahrhunderts samt den Turbulenzen seiner Umsetzung gerade in den Niederlanden gefallen ist.[1] In beiden Bereichen, dem theologischen wie dem kirchenpolitischen, spielte Schillebeeckx eine wichtige Rolle und wurde auch dadurch als Theologe und Akteur im kirchlichen Feld international bekannt. Er beteiligte sich durch zahlreiche aktuelle Veröffentlichungen an Diskussions- und Veränderungsprozessen, die vor allem oder zuerst in der katholischen Kirche der Niederlande virulent waren.

Sein Start im nördlichen Nachbarland, der Anfang 1958 erfolgte, war nicht ganz problemlos. Schillebeeckx erinnerte sich später, in Nimwegen sei für ihn alles neu gewesen, selbst die Sprache: „Zwar war es auch Niederländisch, aber es war

1 Vgl. dazu Peter Neuner: Turbulenter Aufbruch. Die 60er Jahre zwischen Konzil und konservativer Wende. Freiburg 2019, bes. 167ff.

so etwas wie der Unterschied zwischen dem Englisch der Briten und dem der Amerikaner, dachte ich damals."[2] Tatsächlich klingt gesprochenes Hochniederländisch im niederländischsprachigen Belgien unverkennbar anders als in den Niederlanden und es gibt auch manche Unterschiede im Vokabular. Auch in seinem speziellen Arbeitsbereich war Nimwegen nicht einfach dasselbe wie Löwen. Als er nach Nimwegen kam, habe er zunächst ein wenig spöttisch gedacht: „Es hat den Anschein, als ob ich ins Mittelalter eintauche."[3] Die Ordensausbildung sei zu der Zeit, so Schillebeeckx, in Löwen progressiver gewesen als die in Nimwegen. Zur der Zeit, als er dort seine Lehrtätigkeit aufgenommen habe, habe sich die katholische Theologie der Niederlande, zumindest in Belgien, keinen Namen gemacht. Auch die Katholische Universität Nimwegen war fast eine Neugründung, war sie doch erst 1923 ins Leben gerufen worden, während man in Löwen theologisch wie auch universitär auf eine jahrhundertelange Geschichte zurückblicken konnte und die Katholische Universität immerhin schon seit 1835, also praktisch seit der Gründung des unabhängigen Königreichs Belgien, bestand.

Der seinerzeit recht bekannte geistliche Schriftsteller und Exeget Willem Grossouw, damals Dekan der Fakultät in Nimwegen, hatte Schillebeeckx als Nachfolger des Dogmatikers und Thomaskenners Gerardus Pieter Kreling vorgeschlagen; allerdings wollte ihn der Provinzial der flämischen Dominikaner zunächst nicht für die Aufgabe im Nachbarland freigeben. Erst ein befürwortendes Votum des damaligen rö-

2 Edward Schillebeeckx: Theologisch testament, 34.

3 God is ieder ogenblik nieuw, 28.

mischen Generalmagisters Michael Browne macht dann den Weg für Schillebeeckx in die Niederlande frei. Er wurde im September 1957 als Professor für Dogmatik und Theologiegeschichte nach Nimwegen berufen, zog im Januar 1958 ins dortige „Albertinum“, das Ordenshaus der Dominikaner, und begann kurz darauf seine Lehrtätigkeit, mit einer Vorlesung über Eschatologie. Seine Aufgabe als „Magister“ für den Ordensnachwuchs in Löwen behielt er im ersten Jahr noch bei und pendelte deshalb alle drei Wochen für ein verlängertes Wochenende in seine alte Heimat.

Der neue Professor aus Belgien wurde über Nimwegen hinaus in den Niederlanden schnell bekannt: „Vor allem in den ersten Jahren reiste Schillebeeckx durch die ganzen Niederlande. Er wurde von allen Seiten um Vorträge und Artikel gebeten; man erwartete von ihm einen neuen Beitrag.“[4] Er habe nicht nur mitbekommen, was sich im niederländischen Katholizismus tat, sondern habe auch von der niederländischen Direktheit und der Beschäftigung mit konkreten Fragen und Problemen gelernt. Auf seine eigene Weise, so das Urteil von Erik Borgman, sei er zu einem niederländischen Theologen geworden. Im niederländischen Katholizismus wiederum war in den 50er Jahren des 20. Jahrhunderts einiges in Bewegung geraten. Man habe die Krise der traditionellen Seelsorge konstatiert und sich Sorgen gemacht über die „wachsende Entfremdung der Kirche von den Intellektuellen und den Arbeitern (und umgekehrt), über die Äußerlichkeit und den reinen Moralismus des Glaubens bei vielen Kirchgängern und über den unzeitgemäßen Klerikalismus man-

4 Erik Borgman: Edward Schillebeeckx, 288.

cher Priester."[5] Das berühmt-berüchtigte „Mandement", ein gemeinsames Hirtenschreiben, das die niederländischen Bischöfe 1954 veröffentlichten („De katholiek in het openbare leven van deze tijd"), stieß mit seinem Versuch, die katholische Einheit in gesellschaftlich-politischen Fragen und auch die Autorität des Lehramts einzuschärfen, vielfach auf Widerspruch.

„Die Gnade des Konzils"

In diese Phase der Gärung im niederländischen Katholizismus fiel die Ankündigung des Zweiten Vatikanischen Konzils durch den neuen Papst Johannes XXIII. am 25. Januar 1959. Schillebeeckx reagierte auf diese Ankündigung sehr schnell mit einem Beitrag für die niederländische Zeitschrift „De Bazuin", der den programmatischen Titel trug: „Die Gnade eines Allgemeinen Konzils". Er schrieb darin, man könne nur wünschen, „dass der Weltepiskopat, unterstützt von der beratenden Hilfe von Theologen, Seelsorgern und auch – was bereits zum Teil erreicht wurde – fachkundiger Laien, seine Stimme weiterhin wirklich erheben möge." Dafür werde er zusammengerufen, und dafür werde die ganze Christenheit eindringlich beten.[6] Durch den Austausch von Standpunkten könne sich zeigen, dass bei aller für eine Weltkirche notwendigen römischen Zentralisierung diese Zentralisierung

5 Stefan Gärtner: Der Fall des niederländischen Katholizismus. Kirche und Seelsorge in einer spätmoderne Gesellschaft, Freiburg 2017, 27.

6 Edward Schillebeeckx: Die Signatur des Zweiten Vatikanums. Rückblick auf drei Sitzungsperioden, Wien 1965, 16.

gleichzeitig einen klaren Blick für die dezentrale Autorität der Ortsbischöfe haben müsse, die mitten in den aktuellen Problemen stünden und wüssten, was in ihrer jeweiligen Teilkirche empfunden werde.

Schillebeeckx war dann auch maßgeblich an der Abfassung der Voten für das bevorstehende Konzil beteiligt, die von der Katholischen Universität Nimwegen auf Bitten des niederländischen Episkopats ausgearbeitet wurden. Der erste Teil des Textes befasste sich mit dem „Mysterium der Kirche" und regte an, über das Verhältnis von Papst und Bischöfen sowie von Bischöfen und Priestern nachzudenken, sowie über die Rolle der Laien in der Kirche. Im zweiten Teil ging es dann um das Verhalten der Kirche zur Aufgabe der Menschheit in der Welt. Der Text wurde vermutlich am 19. April 1960 nach Rom geschickt, und im Begleitbrief zur Übersendung der Universitätsvoten an den niederländischen Erzbischof, damals Bernard Alfrink, Erzbischof von Utrecht, schlug der Rektor der Universität Nimwegen den niederländischen Bischöfen vor, sie sollten ein Mitglied der Theologischen Fakultät zu ihrem Berater für das Zweite Vatikanische Konzil ernennen. Der Senat der Universität dachte dabei besonders an den theologischen „Newcomer" Schillebeeckx.

Anfang 1961 veröffentlichten die niederländischen Bischöfe dann ihr Schreiben „Die Bischöfe der Niederlande und das Konzil" – Hauptautor des Textes war Schillebeeckx, dessen Name von den Bischöfen am Ende des Textes auch dankend genannt wurde. Nach dem Urteil von Erik Borgman bedeutete die Arbeit an dem bischöflichen Schreiben für den Theologen Schillebeeckx so etwas wie einen ekklesiologischen Quantensprung. Sie habe ihn dazu gebracht, „die grundlegenden Züge der neuen Ekklesiologie zu formulieren, die es ermöglichte, die Initiativen von Gläubigen und die erneuernden Impulse der Theologen nicht nur mit einigen Schwierigkeiten zu tolerieren, sondern sie als erfreuliche Zeichen eines lebendigen Glaubens zu betrachten".[7] In „De Bazuin" wurde das Schreiben als das „neue Mandement" bezeichnet, weil es andere Töne anschlug als der Text von 1954. Schillebeeckx selber notierte in seinem autobiographischen Rückblick den Aufruhr, den das von ihm maßgeblich verfasste Schreiben „Die niederländischen Bischöfe und das Konzil" seinerzeit auslöste. Die italienische Übersetzung des rasch in verschiedene Sprachen übertragenen Textes wurde durch den Vatikan verboten und konnte nur heimlich unter dem Ladentisch verkauft werden. Seit dem Schreiben habe, so Schillebeeckx, das Heilige Offizium damit begonnen, sich mit ihm zu befassen: „Die erste Maßnahme bestand darin, dass (vor und während des Konzils) zwei Anfragen von Kardinal B. Alfrink, mich als offiziellen ‚Peritus' für das Konzil zu berufen, durch Kardinal Alfredo Ottaviani (wie sich später herausstellte, ohne Wissen des Papstes) abgelehnt wurden."[8]

Schillebeeckx wurde während des Konzils zu einem gefragten Mann und erlangte rasch auch internationales Ansehen. Für das niederländische Publikum wurde er, nicht zuletzt durch Beiträge für Radio und Fernsehen, zu dem maßgeblichen theologischen Konzilsexperten. Er hielt in Rom zahlreiche Vorträge vor Bischöfen und Journalisten und wurde nach dem Konzil als Redner in verschiedene Teile

7 Erik Borgman: Edward Schillebeeckx, 318.

8 Edward Schillebeeckx: Theologisch testament, 43.

der Welt, auch in die Vereinigten Staaten, eingeladen. Seine Bücher und Aufsätze erschienen zunehmend auch in anderen Sprachen. Erik Borgman hält die entsprechende Ausbeute fest: „Von Schillebeeckx erschienen keine Titel auf Englisch vor 1961; zwischen 1961 und 1970 waren es 67, davon 20 Bücher; auf Französisch erschienen vor 1961 5 Titel und 50 zwischen 1961 und 1970, davon 13 Bücher; auf Deutsch erschienen 2 Titel vor 1961 und 43 zwischen 1961 und 1970, davon 10 Bücher; auf Italienisch erschien bis 1961 nichts und dann erschienen 29 Titel zwischen 1961 und 1970, alles Bücher; auf Spanisch und Katalanisch erschien 1 Titel vor 1961 und erschienen 34 zwischen 1961 und 1970, davon 15 Bücher; auf Portugiesisch nichts vor 1961 und 13 Titel zwischen 1961 und 1970, davon 3 Bücher."[9]

In seiner letzten Sitzung verabschiedete das Zweite Vatikanische Konzil unter anderem seinen längsten und in vieler Hinsicht besonders innovativen Text, die Pastoralkonstitution über die Kirche in der Welt von heute. Es war das einzige Konzilsdokument, an dessen Erstellung Schillebeeckx nach eigener Aussage selber beteiligt war, und zwar als Berater für die Unterkommission, die für das Kapitel über Ehe und Familie verantwortlich zeichnete. Er habe zusammen vor allem mit Professor Victor Heylen und Jozef-Maria Heusschen, dem damaligen Bischof der neu errichteten ostbelgischen Diözese Hasselt, die Redaktion des Grundtextes vorgenommen (vgl. GS, Nr. 47–52). Das Konzil verzichtet darin unter Verweis auf die päpstliche Kommission für das Studium des Bevölkerungswachstums, der Familie und der Geburtenhäufig-

9 Erik Borgman: Edward Schillebeeckx, 450.

keit auf die Vorlage konkreter Lösungen und beschränkt sich auf die Formulierung, es sei den „Kindern der Kirche nicht erlaubt, in der Geburtenregelung Wege zu beschreiten, die das Lehramt in Auslegung des göttlichen Gesetzes verwirft" (GS, Nr. 51). Die Veröffentlichung der Enzyklika „Humanae vitae" Pauls VI. im Jahr 1968 lieferte dann die „konkreten Lösungen" im Sinn eines Verbots „künstlicher" Methoden der Geburtenregelung nach und bewirkte eine gewaltige Autoritätskrise in der katholischen Kirche.[10]

In seinem Buch über die abschließende vierte Session und das Ende des Konzils betonte Schillebeeckx im Blick auf den neuen Ansatz der Pastoralkonstitution, wenn der Geist dieser Konstitution nicht in der Tat auch praktisch in das Leben aller Gläubigen, Laien, Priester und Bischöfe eindringe und diese ihr Leben und Handeln danach richteten, wäre eine neue Sturzflut der Unkirchlichkeit zu befürchten: „Denn unter solchen Umständen kann die Kirche in der heutigen Welt nicht mehr wirklich glaubhaft sein. Statt die Alarmglocken zu läuten und vor theologischen Untergrundströmungen eines sogenannten ‚säkularisierten Christentums' (dessen überschäumenden Wellengang man in mehr als einem Land ganz entschieden feststellen kann) zu warnen, täten wir besser daran, das unverkürzte Christentum mitten in unser zwanzigstes Jahrhundert mit seinen eigenen Bestrebungen und Werterfahrungen zu stellen."[11] Schillebeeckx verlangte in seiner Konzilsbilanz abschließend eine größere Bewegungsfreiheit

---

10 Vgl. Konrad Hilpert / Sigrid Müller (Hg.): Humanae vitae – die anstößige Enzyklika. Eine kritische Würdigung. Freiburg 2018.

11 Edward Schillebeeckx: Besinnung auf das Zweite Vatikanum. Vierte Session, Bilanz und Übersicht, Wien 1966, 56.

für die Theologie. Die Unversehrtheit des katholischen Glaubenslebens werde theologisch auch davon abhängen, „ob die katholischen Theologen für ihre Veröffentlichungen und Untersuchungen die rechtmäßige und erforderliche Freiheit erhalten."[12] Wenn man sich ausschließlich an den Buchstaben des Zweiten Vatikanums halte und diesen als letzte Norm des zukünftigen theologischen Denkens betrachte, könne diese Haltung nur eine reaktionäre Wirkung auslösen, so die Warnung von Schillebeeckx.

Die Niederlande als kirchlich-theologisches Experimentierfeld

Schillebeeckx engagierte sich auch selber für die Selbstverständigung und Außenwirkung der Theologie unter den gewandelten Umständen. Schon kurz nach seinem Wechsel nach Nimwegen bemühte er sich um die Gründung einer neuen theologischen Zeitschrift, die der niederländischsprachigen Theologie einen neuen Impuls geben sollte. So entstand im Jahr 1961 die „Tijdschrift voor Theologie", deren Kurs er als Herausgeber maßgeblich mitprägte und in deren ersten zehn Jahrgängen er nicht weniger als 23 eigene Beiträge veröffentlichte. In der ersten Nummer der neuen Zeitschrift erschien sein programmatischer Aufsatz mit dem Titel „Die neue Wende in der heutigen Dogmatik". Er war auch einer der Hauptinitiatoren für eine neue, internationale theologische Zeitschrift, die auf eine Anregung des niederländischen Verlegers Paul Brand zurückging und am 20. Juli

12 Ebd., 68.

1963 offiziell ins Leben gerufen wurde. Die erste Ausgabe von „Concilium" konnte dann im Januar 1965 herauskommen. Schillebeeckx verfasste zusammen mit Karl Rahner ein Geleitwort zu dieser Ausgabe, die der Dogmatik gewidmet war, und versuchte darin eine Antwort auf die Frage: „Wozu und für wen eine neue internationale theologische Zeitschrift?"[13]

Die beiden profilierten Dogmatiker Rahner und Schillebeeckx betonen in ihrem Geleitwort die Notwendigkeit einer Analyse der heutigen menschlichen Existenzerfahrung im Licht der Offenbarung: „Zweifellos wird überall dort, wo menschliche Existenz vorhanden ist, diese von dem lebendigen Gott des Heils angerührt und gerufen. So ist die menschliche Existenzerfahrung, wo immer sie sich befindet, wirklich ein ‚locus theologicus', ein Fundort für religiöse Lebensüberzeugung."[14] Und weiter heißt es: In einer Zeit, in der die Welt ihre numinose Bedeutung verloren habe und völlig als irdische Welt erfahren werde, werde die Dogmatik dazu veranlasst, sich intensiver auf ihren eigentlichen Auftrag zu konzentrieren: die Aufklärung der Nähe des göttlichen Mysteriums im menschlichen Leben und dessen Bedeutung für unser Leben als Menschen, die wir mit Mitmenschen in dieser Welt zu leben hätten. Das Unternehmen der Dogmatik könne nur durch eine wahrhaft katholische, also universelle Zusammenarbeit aller denkenden Christen gelingen, geleitet vom Amtscharisma der kirchlichen Hierarchie.

---

13 Karl Rahner SJ – Edward Schillebeeckx OP: Wozu und für wen eine neue internationale theologische Zeitschrift?, in: Karl Rahner: Sämtliche Werke, Band 22/2, 850–853.

14 Ebd., 852.

Schon kurz nach dem Zweiten Vatikanum wurden die Niederlande zu einem kirchlich-theologischen Experimentierfeld, das weit über die Grenzen des kleinen Landes hinaus starke Beachtung fand. Viele reformorientierte Katholiken blickten mit verwundertem Erstaunen und auch mit etwas Neid auf die Aufbrüche und Experimente im bislang als so geschlossen und „römisch" wahrgenommenen niederländischen Katholizismus (man sprach in den Niederlanden vom „rijke roomsche leven" als seinem Kennzeichen), während die Niederlande auf eher konservativer Seite vielfach als schädlicher kirchlicher Unruheherd verdächtigt und entsprechend bekämpft wurden. Dabei ging es vor allem um zwei Vorgänge: zum einen das „Pastoralkonzil" der niederländischen Katholiken, das als erste nachkonziliare Kirchenversammlung dieser Art auf nationaler Ebene Ende 1965 angekündigt und am 27. November 1966 offiziell eröffnet wurde, zum anderen den niederländischen Katechismus („Glaubensverkündigung für Erwachsene"), der 1966 im Original veröffentlicht und sehr bald in andere Sprachen übersetzt wurde.[15] An beiden herausragenden kirchlichen Ereignissen war Schillebeeckx aktiv beteiligt.

Er gehörte der sechsköpfigen Theologenkommission (jeweils zur Hälfte berufen von der römischen Glaubenskongregation und von den niederländischen Bischöfen) als Vertreter des niederländischen Episkopats an, die die römischen Einwände gegen den Neuen Katechismus untersuchen sollte

15 Die deutsche Übersetzung erschien unter dem Titel: Glaubensverkündigung für Erwachsene. Deutsche Ausgabe des Holländischen Katechismus, Nimwegen – Utrecht 1968.

und sich zu diesem Zweck Anfang April 1967 in der Nähe von Mailand traf. Außer ihm gehörten zu der von den niederländischen Bischöfen berufenen Kommissionshälfte sein Nimwegener Dogmatikerkollege, der Jesuit Piet Schoonenberg, und Willem Bless, ebenfalls Jesuit und Direktor des „Hoger Katechetisch Instituut" in Nimwegen, das den Katechismus erarbeitet hatte. Diese Hälfte der Kommission teilte die römische Kritik nicht, sondern hielt der anderen Seite vor, mit nicht gerechtfertigten Unterstellungen gegen Passagen des Katechismus zu arbeiten. Schon vor der Veröffentlichung des Glaubensbuchs hatte übrigens Kardinal Bernard Alfrink, Erzbischof von Utrecht, Schillebeeckx um ein Urteil über den Text gebeten. Dieser hatte in seiner damaligen Stellungnahme den Katechismus verteidigt und Vorwürfe gegen das Buch zurückgewiesen. Im autobiographischen Rückblick von 1994 bescheinigte Schillebeeckx dem 1966 veröffentlichten Katechismus, durch seine positive und den Glauben voranbringende Art noch immer wertvoll zu sein. Aber er habe auch seine geschichtliche Stunde, in der vor allem die soziale und politische Dimension des christlichen Lebens noch gefehlt habe, noch deutlicher als im Konzil. Auch in diesem Sinn sei der Katechismus ‚vorkonziliar'.

Das niederländische Pastoralkonzil tagte zwischen Anfang Januar 1968 und Anfang April 1970 in sechs Vollversammlungen und behandelte dabei ein breites Spektrum von Themen, angefangen mit dem Autoritätsverständnis und dem Erleben von Autorität. Auf der Tagesordnung standen außerdem der Auftrag zur Mission heute, Entwicklungshilfe, die sittliche Haltung des Christen in der Welt, die Bedeutung des christlichen Glaubenslebens in einer säkularisierten Welt, die ökumenische Frage und das Verhältnis von Juden und Christen. Grundlage der Diskussion waren jeweils Entwurfstexte, die von vorbereitenden Arbeitsgruppen erarbeitet worden waren. Auf dem Pastoralkonzil hatten alle Mitglieder (die Bischöfe sowie Priester, Ordenschristen und Laien als Delegierte der Bistümer) gleiches Stimmrecht – wie dann übrigens Jahre danach auch bei der Gemeinsamen Synode der bundesdeutschen Bistümer in Würzburg.

Nach Einschätzung seines Biographen Erik Borgman spielte Schillebeeckx beim Pastoralkonzil eine herausragende Rolle. Schillebeeckx hat nach eigenen Angaben auch Kardinal Alfrink dazu ermutigt, den Vorschlag – er kam vom damaligen Bischof des südniederländischen Bistums Breda, Gerardus de Vet – für ein solches nationales Konzil aufzugreifen.[16] Schillebeeckx sei mit dem ziemlich pragmatischen und organisationslastigen Vorgehen bei dem Treffen allerdings nicht sehr glücklich gewesen und plädierte in diesem Sinn in einem Aufsatz von 1967 dafür, das Pastoralkonzil solle ein grundlegendes Dokument erarbeiten, das den Glauben in einer säkularisierten Welt verdeutliche, verstehbar und klarmache, warum die Welt sich völlig verändert habe und warum das ein Test für die Kirche sei.[17] In seinem späten autobiographischen Rückblick bescheinigte er der Versammlung dann, auf jeden Fall pastoral gesehen ein Erfolg gewesen zu sein, wies aber auch auf Kritik von ‚normalen Gläubigen' hin, für die viele Texte des Pastoralkonzils zu weitschweifig gewesen seien und zu wenig mit alltäglichen

16 Edward Schillebeeckx: Theologisch testament, 51.

17 Vgl. Erik Borgman: Edward Schillebeeckx, 354.

Problemen zu tun gehabt hätten. Unter dem Druck von unten habe man in aller Eile zwei Treffen organisiert, bei denen junge, kritische Gläubige, die auf dem Konzil nicht vertreten gewesen seien, ihre Meinung hätten äußern können; einige dieser Zeugnisse haben ihn nach eigenen Aussagen tief beeindruckt, etwa das Plädoyer einer jungen Ordensfrau für einen interreligiösen Dialog zwischen Christen, Juden, Muslimen und Buddhisten.

Im Konflikt mit der römischen Glaubenskongregation

Erst nach den Themen Katechismus und Pastoralkonzil widmet sich Schillebeeckx in seinem „Theologischen Testament", durchaus seiner Grundeinstellung zu Theologie und Kirche entsprechend, seinen „persönlichen Schwierigkeiten mit ‚Rom'"[18]. Es gab zwischen den späten 60er und den 80er Jahren drei römische Lehrverfahren gegen den prominenten niederländischen Theologen, die alle ohne förmliche Sanktionen gegen Schillebeeckx endeten. Nach seinen eigenen Angaben ging es beim ersten Lehrprozess im Jahr 1968 um beinahe alle Themen, zu denen er sich bis dato geäußert hatte, so etwa zum Problem der Säkularisierung, zum Wesen des Ordenslebens oder zur Gegenwart Christi in der Eucharistie. Als Verteidiger von Schillebeeckx benannte die Glaubenskongregation (sie hieß damals noch „Heiliges Offizium") Karl Rahner. Dieser beauftragte nach Angaben von Schillebeeckx seinen damaligen Assistenten Karl Lehmann mit der

18 Edward Schillebeeckx: Theologisch testament, 59.

Ausarbeitung einer Verteidigungsschrift[19], und Rahner wies in einer Sitzung mit den Konsultoren der Glaubenskongregation am 7. Oktober 1968 die Vorwürfe gegen die Theologie von Schillebeeckx in vollem Umfang zurück. Über ein Ergebnis der römischen Untersuchung wurden weder er noch Karl Rahner jemals informiert.

Das nächste römische Verfahren galt dann dem Buch „Jesus. Die Geschichte von einem Lebenden“, das Schillebeeckx 1974 veröffentlicht hatte.[20] Er erhielt am 20. Oktober 1976 ein Schreiben der Glaubenskongregation mit einer Liste von Fragen zu seinem Buch, die seine Methodologie, seine Aussagen über den historischen Jesus und schließlich dogmatische Themen (Inkarnation und Trinität, Jungfrauengeburt, Kirchenverständnis) betrafen. Nachdem Schillebeeckx in einem Schreiben vom 13. April 1977 an die Glaubenskongregation ausführlich zu ihren Kritikpunkten Stellung genommen hatte, wurde er im Juli 1978 zu einem Gespräch mit der Kongregation nach Rom eingeladen. Dieses Gespräch fand im Dezember 1979 statt; von römischer Seite nahmen der Löwener Exeget Albert Descamps, der Dominikaner Albert Patfoort und der Jesuit Jean Galot teil und stellten Schillebeeckx

19 Vgl. Edward Schillebeeckx: I am a Happy Theologian, 33: „Rahners Assistent, der deutsche Theologe Lehmann, schrieb den Text für die Verteidigung. Rahner ließ seine Assistenten sehr hart arbeiten. Er bat Lehmann, alle meine Veröffentlichungen zu lesen und die Verteidigungsschrift zu verfassen.“ – Wer den am 11. März 2018 verstorbenen, späteren Kardinal Karl Lehmann kannte, kann sich die Genauigkeit dieser Verteidigungsschrift gut vorstellen!

20 Alle Dokumente zum Verfahren wegen der Christologie von Schillebeeckx sind veröffentlicht in: Ted Schoof OP (Hg.): The Schillebeeckx Case. Official Exchange of letters and documents in the investigation of Fr. Edward Schillebeeckx, O.P. by the Sacred Congregation for the Doctrine of the Faith. 1976–1980, Eugene 1980.

Fragen. Ein Brief des damaligen Präfekten der Glaubenskongregation, Kardinal Franjo Šeper, an Schillebeeckx vom 20. November 1980 zog ein Resümee aus der Sicht der Kongregation: Es wurde darin festgehalten, es gebe ungeachtet der Klärungen und Korrekturen, die Schillebeeckx in seiner Stellungnahme und in dem römischen Gespräch vorgenommen habe, bei bestimmten Punkten noch Unklarheiten; er wurde dazu aufgefordert, im Licht der katholischen Lehre diese Punkte zu überdenken und öffentlich seine Bereitschaft zu bekunden, dieser Bitte gemäß zu handeln. Auch diesmal kam es nicht zu einer förmlichen Verurteilung der kritisierten Positionen von Schillebeeckx.

Anlass für eine weitere römische Intervention war die Amtstheologie von Schillebeeckx, wie er sie in zwei Büchern von 1980 und 1985 dargelegt hatte. Federführend war diesmal der seit 1981 amtierende Nachfolger von Kardinal Šeper als Präfekt der Glaubenskongregation, Kardinal Joseph Ratzinger. Es gab in diesem Fall kein offizielles römisches Gespräch wie bei der Christologie von Schillebeeckx, wohl aber eine informelle Begegnung mit Kardinal Ratzinger, bei der die strittige Frage des „außerordentlichen Vorstehers" der Eucharistiefeier besprochen wurde. Nach der Veröffentlichung des zweiten Amtsbuchs von Schillebeeckx („Pleidooi voor mensen in de kerk") veröffentlichte die Glaubenskongregation dann unter dem Datum 16. September 1986 eine „Notifikation", in der festgestellt wurde, sie sehe sich zu der Schlussfolgerung verpflichtet, die von Schillebeeckx vertretene Theologie des Amtes sei weiterhin an einigen wichtigen Punkten nicht in Übereinstimmung mit der Lehre der Kirche. Schillebeeckx urteilte später im Rückblick auf die drei gegen ihn angestrengten römischen Verfahren: Er habe sich durch sie freier gegenüber der römischen Kurie gefühlt. „Man merkt, dass die dortigen Standpunkte mehr durch Kirchenpolitik als durch andere Faktoren geprägt werden und dass sie eine bestimmte Periode des theologischen Denkens als Norm für alles Theologietreiben gebrauchen, und dagegen kann man sich vom Evangelium her kritisch positionieren."[21]

Gegen die Alternative „Vogel friss oder stirb"

Die Bereitschaft dazu hat Schillebeeckx auch in der Entwicklung des niederländischen Katholizismus nach dem Pastoralkonzil beibehalten. Als Reaktion nicht zuletzt auf manche Beschlüsse des Pastoralkonzils nahm Rom Anfang der 70er Jahre Bischofsernennungen für die Niederlande vor, mit denen man vermeintlich problematischen Tendenzen in der Kirchenprovinz gegensteuern wollte. Für das Bistum Rotterdam wurde so 1970 Adrian Simonis ernannt, für das Bistum Roermond dann 1972 Johannes Gijsen, deren Ernennungen beide die Polarisierung in der niederländischen Kirche verstärkten. Als Bischof Gijsen in einem Interview mit der nichtkirchlichen Wochenzeitschrift „Elseviers Magazine" Anfang 1979 massive Kritik an einigen Positionierungen im niederländischen Katholizismus übte (dieser liege in einigen Punkten wie Priesterausbildung, Ökumene und Fragen der Moral nicht mehr auf der Linie des Heiligen Stuhls) und stattdessen Gehorsam gegen lehramtlich-römische Festlegungen forder-

21 Edward Schillebeeckx: Theologisch testament, 66.

te, bezog Schillebeeckx ebenfalls in „Elseviers Magazine" klar Stellung und hielt dem umstrittenen Bischof vor, er nehme das Evangelium aus dem konkreten menschlichen Erfahrungshorizont heraus; das Angebot der Gnade werde verfälscht in ein gehorsames Annehmenmüssen von autoritär begründeten Geboten. Es gebe kein kirchliches Paket, dem gegenüber sich nur die Alternative „Vogel friss oder stirb" stelle, sondern immer die notwendige Vermittlung der frohen Botschaft mit je neuen Situationen. Der bloße Ruf nach dem Papst sei kein Allheilmittel gegen die spezifischen Probleme einer Teilkirche.

Kurz danach wurden die niederländischen Bischöfe von Johannes Paul II. zu einer Sondersynode nach Rom einberufen (es war die erste Synode dieses Typs seit Errichtung der Bischofssynode durch Paul VI. am Ende des Zweiten Vatikanischen Konzils), die die Probleme der niederländischen Kirche klären sollte. Das Treffen fand im Januar 1980 statt. Man einigte sich dabei auf ein umfangreiches Schlussdokument, durch das versucht werden sollte, die Niederlande kirchlich auf Linie zu bringen. Die Bischöfe mussten sich darin dazu verpflichten, vermeintliche Missbräuche abzustellen und sich künftig an römische Vorgaben zu halten.[22] Mit Bischofsernennungen für die Niederlande in den 80er Jahren (1983 wurden Bischof Adrian Simonis als Nachfolger von Kardinal Willebrands Erzbischof von Utrecht, Ronald Philipp Bär Bischof von Rotterdam und Hendrik Bomers Bischof von Haarlem und 1985 wurde Jan ter Schure Bischof von s'Hertogenbosch)

22 Vgl. das Schlussdokument in deutscher Übersetzung, in: Herder Korrespondenz, April 1980, 182–188.

versuchte Rom dann, diese Linie sicherzustellen. Dass das nur zum Teil gelang, zeigte sich nicht zuletzt am Verlauf des Besuchs von Johannes Paul II. in den Niederlanden im Mai 1985 als erstem Teil seiner Reise in die drei Beneluxländer: Damals organisierten etwa 80 Gruppen und Einrichtungen aus dem reformorientierten Flügel des niederländischen Katholizismus für den 8. Mai kurz vor dem Papstbesuch eine Großveranstaltung in Den Haag, unter dem programmatischen Titel „Das andere Gesicht der Kirche“. Bei dieser Veranstaltung sprach unter anderem Edward Schillebeeckx, seit dem 11. Februar 1983 emeritierter Dogmatiker in Nimwegen. Sie wurde zur Geburtsstunde einer innerkirchlichen Protestbewegung, die sich den Namen „Achter-Mai-Bewegung“ gab und bis 2003 bestand. Wie groß das Ansehen von Schillebeeckx in den Niederlanden seinerzeit war, zeigte nicht zuletzt die Verleihung des „Erasmuspreises“ im Jahr 1982. Die Preisverleihung nahm der Gatte der niederländischen Königin, Prinz Bernhard, vor.

1995 musste Schillebeeckx seine Wohnung im Nimwegener „Albertinum“ aufgeben, da die Dominikaner das Studienhaus schlossen. Zu seinem 85. Geburtstag 1999 errichtete die Katholische Universität Nimwegen einen „Schillebeeckx Lehrstuhl“, der allerdings auf vatikanischen Druck in „Lehrstuhl Theologie und Kultur“ umbenannt werden musste. Schon 1989 war die „Stiftung Edward Schillebeeckx“ gegründet worden. Schillebeeckx machte in seinen späten Jahren nochmals durch einen Aufsatz über neuere Entwicklungen in der Anthropologie und im Bereich der „Ritual studies“ im Jahr 2000 von sich reden. Nach längerer Krankheit verstarb er dann am 23. Dezember 2009 in Nimwegen und wurde dort am 31. Dezember beerdigt.

Denken

4a. Die Theologie des „frühen“ Schillebeeckx

Das erste größere theologische Werk, das Edward Schillebeeckx vorlegte, war gleich das, was man als „Opus magnum“ bezeichnen kann: Es handelt sich um seine 1951 fertiggestellte und 1952 veröffentlichte Dissertation „De sacramentele heilseconomie: Theologische bezinning op S. Thomas' sacramentenleer in het licht van de traditie en van de hedendaagse sacramentenproblematiek“, ein äußerst gelehrtes, dickes Buch von fast 700 Seiten.[1] Kein Geringerer als Karl Rahner würdigte es seinerzeit in einer Kurzrezension als ein „bedeutsames Werk, das des eingehenden Studiums wert ist“[2]. Das Thema Sakramente blieb auch in den darauffolgenden Jahren, bis hinein in die Zeit des Zweiten Vatikanischen Konzils, ein Schwerpunkt im theologischen Schaffen von Schillebeeckx und hat sich auch in diversen Buchveröffentlichungen niedergeschlagen. Dazu kam noch ein in zwei Versionen erschienenes Buch über Maria.

Allerdings war die Sakramentenlehre nicht die einzige Spur, die der frühe Schillebeeckx in seinem theologischen Nachdenken verfolgte. Das zeigt sich schon am ursprünglichen Vorhaben für eine Dissertation, über das Erik Borgman

---

1 Es liegt nur eine französische Übersetzung des Buchs vor: L'économie sacramentelle du salut: réflexion sur la doctrine sacramentaire de Saint Thomas, à la lumière de la tradition et de la problématique sacramentelle contemporaine, Fribourg 2004.

2 Karl Rahner: Sämtliche Werke, Band 18, 709.

in seiner Biographie berichtet. Danach finden sich unter den unveröffentlichten Archivmaterialien von Schillebeeckx drei Notizbücher zum Thema „Grundlagen einer Theologie der Kultur“, die unter „Doktorarbeit“ firmieren; dazu kommen zwei Notizbücher zum Thema „Die Integration irdischer und zeitlicher Werte in das Königreich Gottes“, die den Titel „Notizen für Doktorarbeit“ beziehungsweise „Bibliographie Doktorarbeit“ tragen.[3] Borgman fasst den Befund folgendermaßen zusammen: „Anstatt einen Traktat zur Theologie der Kultur oder eine grundlegende Bestimmung eines Standpunktes zum Verhältnis von ‚Natur und Übernatur‘ beziehungsweise ‚Religion und Welt‘ auszuarbeiten, legte er 1952 in Le Saulchoir eine Doktorarbeit über die Sakramente der katholischen Kirche als Orte der Begegnung zwischen Gott und der Welt vor.“[4] Die Bibliographie von Schillebeeckx verzeichnet denn auch neben Beiträgen zu Kirche und Sakramenten einige Aufsätze aus den 50er und 60er Jahren, die in Richtung des aufgegebenen Dissertationsprojekts weisen.[5]

Die Sakramentenlehre gehört zu den selbstverständlichen Bestandteilen der katholischen Dogmatik und hat auch im nachkonziliaren offiziellen „Katechismus der Katholischen

3 Erik Borgman: Edward Schillebeekx, 396.

4 Ebd., 125.

5 Hier wären zu nennen: Op zoek naar Gods afwezigheid, in: Kultuurleven (1957), 276–291;Het gesprek tussen de levensbeschouwingen, in: Het gesprek, Kampen – Utrecht – Antwerpen – Den Haag 1960, 11–16; De betekenis van het niet-godsdienstig humanisme voor het hedendaagse katholicisme, in: W. Engelen (Hg.), Het modern niet – godsdienstig humanisme, Nijmegen 1961, 74–112; Theologische reflecties op godsdienst – sociologische duidingen in verband met het hedendaagse „ongeloof“, in: Tijdschrift voor Theologie 2 (1962), 55–77; Zwijgen en spreken over God in een geseculariseerde wereld, in: Tijdschrift voor Theologie, 7 (1967), 337–359.

Kirche“ von 1992 ihren festen Platz.[6] Die Festlegung der Siebenzahl der Sakramente wie auch das begriffliche Grundgerüst für ihre Deutung gehen auf die Epoche der mittelalterlichen Scholastik zurück. So nimmt es auch nicht Wunder, dass Schillebeeckx in „De sacramentele heilseconomie“ an die Sakramentenlehre des von ihm ohnehin sehr geschätzten größten scholastischen Dominikanertheologen Thomas von Aquin (1225–1274) anknüpfte. Das große Erstlingswerk von Schillebeeckx ist weitgehend theologiegeschichtlich orientiert und verarbeitet in den einzelnen Kapiteln eine staunenswerte Fülle an Material, allerdings durchaus in systematischer und auch gegenwartsbezogener Absicht. Es untersucht zunächst detailliert die Begriffsgeschichte der Termini „Mysterion“ und „Sacramentum“ von der Väterzeit bis ins Mittelalter, widmet sich dann dem Verständnis der Sakramente, wie es in den verschiedenen Etappen der Scholastik ausgearbeitet wurde, und untersucht schließlich sakramententheologische Ansätze des 19. und 20. Jahrhunderts, bis hin zur Mysterientheologie des deutschen Benediktiners Odo Casel (1886–1948), die die Liturgische Bewegung in der katholischen Kirche maßgeblich mitgeprägt hat.

Weitere Kapitel von „De sacramentele heilsecomonie“ gelten Wort und Zeichen als Grundkategorien für die Deutung der Sakramente (in diesem Zusammenhang beschäftigt sich Schillebeeckx ausführlich mit der Geschichte von Epiklese und Konsekration als dem Zentrum der eucharistischen Zeichenhandlung), der scholastischen Grundunterscheidung von Materie und Form der Sakramente sowie der Frage

6 Catechismus Catholicae Ecclesiae, Città del Vaticano 1997, 332–449.

nach dem Spender und Empfänger im sakramentalen Vollzug und nach dem sogenannten „Charakter“, den nach offizieller katholischer Lehre Taufe, Firmung und Weihesakrament dem jeweiligen Gläubigen einprägen. Der letzte Teil von „De sacramentele heilseconomie“ behandelt in relativ knapper Form die „subjektive Erfahrung der Sakramente“ und skizziert dabei eine „neue Sicht auf Liturgie, Theologie und Sakramentenpastoral“.

Die Kirche als Sakrament des erhöhten Christus

Diese Fragen wollte Schillebeeckx eigentlich in einem zweiten, die theologiegeschichtlichen Ausführungen ergänzenden und fortführenden Band seines großen Sakramentenbuchs thematisieren. Es sollte darin, wie im Vorwort von „De sacramentele heilseconomie“ angekündigt, um die „Sakramentalität der materiellen Welt“ und um die „Sakramentalität des christlichen Humanismus“ gehen. In Erik Borgmans Biographie findet sich der Hinweis, obwohl Schillebeeckx 1957, kurz nach seiner Übersiedelung in die Niederlande, einem dominikanischen Mitbruder geschrieben habe, der zweite Band sei beinahe abgeschlossen und es komme nur noch darauf an, ihn fertig zu schreiben, sei dieser Band nie erschienen. Borgman weiter: „Es erschienen zwei Studien, in denen er in einer Synthese und in mancher Hinsicht in Popularisierung das darlegte, was er schon im Umriss in ‚De sacramentele heilseconomie‘ vorgestellt hatte.“[7] Gemeint ist zum einen der Ar-

7 Erik Borgman: Edward Schillebeeckx, 215.

tikel „Sakrament“ für das „Theologisch Woordenboek“, ein mehrbändiges Nachschlagewerk, für das Schillebeeckx auch sonst zahlreiche Stichworte verfasste, zum anderen das 1958 erstmals veröffentlichte Buch „De Christusontmoeting als sacrament van de Godsontmoeting“ („Die Christusbegegnung als Sakrament der Gottesbegegnung“). Im Jahr darauf erschien eine überarbeitete und erweiterte Ausgabe mit dem leicht veränderten Titel „Christus, sacrament van de Godsontmoeting“.

Das zweite Sakramentenbuch von Schillebeeckx setzt das erste voraus und verweist an vielen Stellen auch ausdrücklich auf die ausführlicheren theologiegeschichtlichen Darstellungen in „De sacramentele heilseconomie“. Es handelt sich diesmal um einen knappen systematischen Traktat zur allgemeinen Sakramentenlehre. Als Programm formuliert Schillebeeckx einleitend, er wolle sich nicht bei den Unzulänglichkeiten der theologischen Arbeiten zur Sakramentenlehre aus den letzten zwei Jahrhunderten aufhalten, sondern sich der Sache positiv und konstruktiv annehmen, „mit dem Konzept der menschlichen, persönlichen Begegnung als Grundlage für unsere Erwägungen.“[8] In diesem Sinn befasst sich das erste Kapitel mit Christus als dem Sakrament Gottes: Schillebeeckx nennt dabei den Menschen Jesus das ursprüngliche Sakrament, weil dieser Mensch, der Sohn Gottes selber, vom Vater dazu bestimmt sei, in seiner Menschlichkeit der einzige Weg zur Verwirklichung der Erlösung zu sein: Die Sakramente der Kirche seien deshalb „keine Dinge, sondern

8 Englische Übersetzung: Edward Schillebeeckx: Christ the Sacrament of the Encounter with God, New York 1963, 3.

Begegnung des irdischen Menschen mit dem verherrlichten Menschen Jesus in einer sichtbaren Form".[9] Eine „andauernde Sakramentalität" bezeichnet Schillebeeckx als unverzichtbares Erfordernis für das Christentum als Religion. Sakramentalität überbrücke den Graben und löse das Problem der fehlenden Entsprechung zwischen Christus im Himmel und der nicht verherrlichten Menschheit und mache eine gegenseitige menschliche Begegnung zwischen Christus und dem Menschen auch nach der Himmelfahrt möglich, wenn auch in einer besonderen Form.

Der zweite Schritt des Entwurfs gilt dann der Kirche als Sakrament des erhöhten Christus, wobei Schillebeeckx die Einzelsakramente folgendermaßen definiert: „Sie sind kirchliche Akte der Gottesverehrung, in denen die Kirche in Gemeinschaft mit ihrem himmlischen Haupt (also zusammen mit Christus) den Vater um die Gewährung der Gnade für den Empfänger des Sakraments bittet und in denen die Kirche selber gleichzeitig als erlösende Gemeinschaft in heiliger Gemeinschaft mit Christus eine erlösende Tat vollbringt."[10] Ihm liegt dabei vor allem an der Abgrenzung gegenüber einem verdinglichten Verständnis der Sakramente, dem er ihre Deutung als „spirituelle und religiös symbolische" Vollzüge der Kirche[11] gegenüberstellt. Wie auch schon in „De sacramentele heilseconomie" befasst er sich mit der für das Sakrament charakteristischen Verbindung von Wort und Zeichen, mit dem Spender und dem Empfänger des Sakra-

9 Ebd., 44.

10 Ebd., 66.

11 Ebd.

ments und mit der Frage nach der Einsetzung der Sakramente durch Christus beziehungsweise durch die Kirche. Ein weiteres Kapitel gilt den Wirkungen der Sakramente in ihrem Doppelcharakter, zum einen in Bezug auf die Kirche in ihrer Sichtbarkeit, zum anderen in Beziehung zu Gott und Christus: Bei aller kirchenbezogenen Sakramentalität gehe es im Kern um die Begegnung mit Gott selber in und durch die sakramentale Begegnung mit Christus in seiner Kirche.

Schillebeeckx befasst sich in seinem sakramententheologischen Entwurf als katholischer Theologe auch mit der Bedeutung der Sakramente in den anderen christlichen Kirchen, wobei er vor allem die im niederländischen Protestantismus dominierende reformiert-calvinistische Ausprägung im Blick hat. Er beschreibt Ablauf und Struktur des Abendmahlsgottesdienstes nach der damaligen Ordnung von reformierten Kirchen der Niederlande und kommt zu dem Schluss, im protestantischen Abendmahl gebe es eine „ihm innewohnende Tendenz zur Integration in die katholische Eucharistie"[12]. Die ökumenische Grundposition von Schillebeeckx wenige Jahre vor dem Zweiten Vatikanischen Konzil und dessen epochemachender ökumenischer Öffnung lässt sich an folgendem Satz ablesen: „Obwohl wir als Katholiken die apostolische Pflicht haben, die Rückkehr aller getrennten Kirchen zur wahren Eucharistie zu wünschen, kann es uns bis dahin nur freuen, dass evangelische Gläubige in gutem Glauben ein intensives und häufiges sakramentales Leben praktizieren und dass sie durch ihre Feier des Herrenmahls

12 Ebd., 194.

wirklich in der Einheit mit Christus und den Menschen wachsen.“[13]

Im Schlussteil von „Christus, das Sakrament der Gottesbegegnung“ behandelt Schillebeeckx den Zusammenhang der Sakramente mit dem christlichen Lebensvollzug insgesamt und betont dabei, beides dürfe nicht voneinander getrennt werden. Die Sakramente legten zwar die objektive Wichtigkeit bestimmter Momente im Leben fest, „denen wir persönlich und in religiösem Geist ihren vollen Wert einräumen müssen“[14]. Aber daneben könne es im Leben eines religiösen Menschen andere Momente geben, die subjektiv von entscheidender Bedeutung seien. Die Sakramente bezeichnet Schillebeeckx in diesem Zusammenhang als Lichtstrahlen im Ganzen des christlichen Lebens, das weiter ausgreife. Das Buch endet bezeichnenderweise mit einem Hinweis auf die mystische Eigenart der Sakramente: „Die heiligende Wirkung der sakramentalen Gnade dringt für ihre Wirkung zu tief ein, als dass sie jemals voll und ganz in unserem aktiven Lebensvollzug sichtbar werden könnte.“[15] In diesem Geschenkcharakter, dieser absoluten Großzügigkeit erreiche der mystische Aspekt der Erlösung seine höchste Stufe – es ist typisch für das theologische Denken von Schillebeeckx in allen seinen Schaffensphasen, dass bei ihm alle theologisch-technischen Differenzierungen letztlich ein offenes Ende aufweisen und jeweils in das letztlich unbegreifliche Geheimnis Gottes münden.

13 Ebd., 195.
14 Ebd., 200.
15 Ebd., 219.

Positionsbestimmungen zu Ehe und Eucharistie

In den 70er Jahren des 20. Jahrhunderts widmete sich Schillebeeckx dann ausführlicher zwei der sieben Sakramente der katholischen Kirche, zum einen der Ehe, zum anderen der Eucharistie. In beiden Fällen standen im Hintergrund aktuelle kirchlich-theologische Diskussionen, die ihn jeweils auf ihre Weise zu einem klärenden Beitrag herausforderten: Durch die gesellschaftlichen Veränderungen geriet das traditionelle katholische Verständnis der Ehe und der Ehezwecke auf den Prüfstand, im Blick auf die Eucharistie rang man um neue Zugänge zur Deutung der Realpräsenz Christi in den Abendmahlsgaben und der eucharistischen Frömmigkeit. Das dem Thema Ehe gewidmete Buch „Ehe: Irdische Wirklichkeit und Heilsgeheimnis“[16] blieb allerdings trotz seines beträchtlichen Umfangs ein Torso: Es umfasst nur einen exegetischen und einen theologie- und kirchengeschichtlichen Teil zum Thema christliche Ehe; die von Schillebeeckx im Vorwort angekündigte Fortsetzung durch eine ausdrückliche systematische Auseinandersetzung mit Gegenwartsproblemen bezüglich der Ehe, die Verbindung eines „anthropologischen Verständnisses von menschlicher Sexualität und Ehe mit einer umfassenden christlichen Vision der Ehe“[17], wurde nie veröffentlicht.

Wie schon in „De sacramentele heilseconomie“ in Bezug auf die Probleme und Kategorien der allgemeinen Sakramen-

16 Englische Übersetzung: Marriage. Human Reality and Saving Mystery, New York 1965.

17 Ebd., vii.

tenlehre gehen im Ehebuch von Schillebeeckx die dem Alten und Neuen Testament wie die der kirchengeschichtlichen Entwicklung von den ersten christlichen Jahrhunderten über das Mittelalter bis zur nachtridentinischen Epoche gewidmeten Ausführungen mit aller Sorgfalt ins historische Detail und verlieren gleichzeitig die großen Linien nicht aus dem Blick. In den knapp gehaltenen Schlussfolgerungen aus den beiden Teilen seines Buchs über die Ehe hält Schillebeeckx fest, die Ehe sei eine weltliche Wirklichkeit, die in die Erlösung aufgenommen werde: „Aber diese weltliche Eigenschaft der Ehe als menschlicher Einrichtung, die immer eng mit der gegebenen historischen Situation verbunden war, ist der Entwicklung unterworfen, weil menschliches Existieren ein reflexives Existieren ist. Und in genau derselben Weise folgt Gottes Heilsangebot dieser menschlichen Geschichte und nimmt so gewisse charakteristische Züge an, die im Verlauf der Zeit immer stärker deutlich werden."[18] Die Integration der Ehe in die Erlösung durch Gott habe sich nicht einfach deshalb vollzogen, weil das Christsein in der rein weltlichen Sphäre gelebt werden müsse, sondern auch und vor allem deshalb, weil diese weltliche Wirklichkeit als solche dem begrifflichen Verständnis nach sakramental geworden sei. Schillebeeckx ist es also auch im Blick auf die Ehe als Sakrament darum zu tun, das sakramentale Moment in die gelebten menschlichen Vollzüge zu integrieren, ohne es einfach darin aufgehen zu lassen.

Im Jahr 1967 und damit in der heißen Phase der Auseinandersetzungen um Deutung und Stellenwert des Zweiten Va-

18 Ebd., 384.

tikanischen Konzils ließ er seinem Buch über die Ehe dann eines über die Eucharistie folgen, dessen niederländischer Titel schon das Hauptthema der damals geführten theologischen und damit auch kirchenpraktischen Diskussionen namhaft macht: „Christus' tegenwoordigheid in de eucharistie“, auf Deutsch: „Die Gegenwart Christi in der Eucharistie“.[19] Die Einleitung springt sozusagen mit der Tür ins Haus; sie trägt die Überschrift „Alarm angesichts von neuen Interpretationen“; Schillebeeckx kündigt darin den Versuch an, die Wirklichkeit des Glaubens an die besondere Realpräsenz Christi in der Eucharistie in einer Weise zu erklären, die offen für die Erfahrungen des modernen Menschen sei und vor allem als ein „authentisches katholisches Dogma, das jeder Katholik akzeptieren kann und mit dem er sich in dem neuen Denkklima des zwanzigsten Jahrhunderts beheimatet fühlen kann.“[20]

Zu diesem Zweck unternimmt sein Buch über die Eucharistie zunächst eine genaue Analyse der Aussagen des am 11. Oktober 1551 verabschiedeten Eucharistiedekrets des Trienter Konzils über die „Transsubstantiation“ von Brot und Wein in Leib und Blut Christi, verortet sie in ihrem gedanklichen und begrifflichen Kontext und stellt die Frage nach dem hermeneutischen Rahmen dieser dogmatischen Festlegung. Schillebeeckx referiert dann die verschiedenen Neuansätze des 20. Jahrhunderts zu einem theologischen Verständnis der eucharistischen Gegenwart, nicht zuletzt den vielfach beachteten Ansatz seines fast gleichaltrigen nie-

19 Englische Übersetzung: The Eucharist, London 1968.

20 Ebd., 21.

derländischen Theologenkollegen, des Jesuiten Piet Schoonenberg (1911–1999). Schoonenberg hatte sich für die Rede von einer „Transsignifikation“ oder „Transfinalisation“ der Gaben von Brot und Wein anstelle von „Transsubstantiation“ im eucharistischen Geschehen stark gemacht, um so dem gewandelten Wirklichkeitsverständnis der Moderne mit seiner Wertschätzung personaler Vollzüge Rechnung zu tragen.

Schillebeeckx macht es sich mit seinem eigenen Deutungsangebot nicht leicht – wie bei ihm auch nicht anders zu erwarten. Er betont zum einen, die eucharistische Transsubstantiation müsse im Kontext der Selbsthingabe Christi verstanden werden, gleichzeitig sei sie eine vom Menschen vollzogene Sinnstiftung. In diesem Sinn nimmt er zur seinerzeit aktuellen Diskussion Stellung: Transsubstantiation und Transsignifikation gehörten in der Eucharistie untrennbar zusammen, dürften aber nicht einfach miteinander gleichgesetzt werden. Seine Quintessenz: „Ich kann mich persönlich nicht mit einer rein phänomenologischen Interpretation ohne metaphysische Dichte zufriedengeben. Realität ist nicht ein menschliches Produkt – in diesem Sinn ist Realismus für den christlichen Glauben wesentlich.“[21] In einer Schlussbetrachtung betont er in diesem Sinn nochmals, es sei für einen Christen sehr wichtig zu wissen, ob Christus ihm in der Eucharistie nur ein Geschenk gebe, in dem er seine Liebe spüren könne, oder ob er sich selber als sakramentale Speise gebe. Eine neue Interpretation des „Wie“ der eucharistischen Wandlung werde zwar die Wirklichkeit nur unvollkommen erreichen. Das bedeute aber nicht, dass es bedeutungslos sei,

21 Ebd., 150.

über Angelegenheiten des Glaubens aus der Situation des Menschen in der Welt heraus weiter nachzudenken. Bemühungen, den Glauben zu thematisieren, seien zwar gegenüber dem eucharistischen Geschehen zweitrangig, könnten aber doch für unsere Erfahrung der Eucharistie hilfreich sein. „Die Theologie der Eucharistie wird immer eine gewisse Vielförmigkeit aufweisen"[22] – mit dieser Feststellung markiert Schillebeeckx zuletzt auch die Grenze seiner eigenen Denkbemühungen zu diesem zweifellos schwierigen Thema der Sakramentenlehre.

Aktuelle Herausforderungen in der Amtstheologie

Die dem Weihesakrament beziehungsweise dem kirchlichen Amt gewidmeten Bücher aus der Feder des Dogmatikers Schillebeeckx erschienen erst in den 1980er Jahren und werden dementsprechend in einem späteren Kapitel behandelt. Aber auch schon unmittelbar nach dem Konzil legte er eine Veröffentlichung zu einem kirchenpraktisch wichtigen Teilaspekt der Amtstheologie vor und griff auch damit in eine seinerzeit höchst aktuelle Debatte ein. Gemeint ist das kleine Buch über den Zölibat, das auf Niederländisch 1966 herauskam und wie die meisten seiner Arbeiten bald in verschiedene Sprachen übersetzt wurde.[23]

22 Ebd., 159.

23 Niederländisches Original: Het ambtscelibaat in de branding, Bilthoven 1966; hier nach der englischen Übersetzung zitiert: Clerical Celibacy under Fire, London – Sydney 1968.

Wie alle sakramententheologischen Veröffentlichungen von Schillebeeckx ist auch das Zölibatsbuch mit historischer Gründlichkeit verfasst und gleichzeitig hermeneutisch reflektiert. Es handelt sich nicht um ein simples Plädoyer für die Abschaffung des Pflichtzölibats für katholische Priester, sondern um eine differenzierte und ausgewogene Darstellung der Sachlage und ihrer theologischen Gewichtung, die erst zum Schluss kirchenpraktische Empfehlungen formuliert. Schillebeeckx hält fest, der Zölibat könne nicht in seiner religiösen Bedeutung gesehen werden, wenn nicht zunächst sein Wert als weltliche Wirklichkeit geklärt werde. Mit derselben Nüchternheit wendet er sich gegen die schlechte Alternative eines „übernatürlichen" Zölibats und der Ehe als „natürlichem Gut": Direktheit und Vermittlung schlössen sich in der Beziehung des Menschen zu Gott nicht gegenseitig aus; Gott und der menschliche Partner seien keine Wettbewerber in Bezug auf die religiöse Liebe des Menschen. Es geht ihm einerseits um eine Entmythologisierung des Zölibats durch den Verzicht auf sakralisierende Einkleidungen, andererseits um eine Entfaltung seiner authentischen humanen und christlichen Bedeutung. Wenn die Kirche die Priester per Gesetz zum Zölibat verpflichte, sei dieses Gesetz, so Schillebeeckx, nur die rechtliche Übertragung eines anthropologischen Musters, das auf der Grundlage der ursprünglichen Erfahrung eines Apostels Christi funktioniere, der, „vom Auffinden des ‚verborgenen Schatzes' überwältigt, blind geworden ist für die objektiv noch offene Möglichkeit eines Lebens als Verheirateter"[24]. Auf diesem Hintergrund hält er eine Ab-

24 Ebd.

schaffung des priesterlichen Zölibats für schädlich, unterstreicht aber gleichzeitig, das Recht der Gemeinden auf den priesterlichen Dienst wiege schwerer als das kirchliche Gesetz, dass Priester unverheiratet sein müssten. Letzteres Argument hält sich bei Schillebeeckx übrigens auch in seinen späteren Büchern über das Amt in der Kirche durch: Durch die Koppelung von Amt und Zölibat in der westlichen Kirche drohe vielerorts die apostolische Vitalität der Gemeinden und die Feier der Eucharistie in Gefahr zu geraten, formulierte er zwei Jahrzehnte später.[25]

Wer Edward Schillebeeckx als Theologen vor allem oder nur von seinen Jesusbüchern her kennt und schätzt, dürfte eher darüber erstaunt sein, dass sich in seiner Bibliographie auch ein – in zwei Fassungen erschienenes – Buch über Maria findet, in dem es unter anderem um die Bedeutung von Marienerscheinungen für die katholische Frömmigkeit geht.[26] Ein Blick auf den damaligen theologisch-kirchlichen Kontext kann allerdings dabei helfen, dieses irritierte Erstaunen zu dämpfen: Schließlich lag das Thema Maria zu dem Zeitpunkt, als Schillebeeckx sein einschlägiges Buch vorlegte, sozusagen in der Luft. Wenige Jahre zuvor hatte Pius XII. mit großer, wenn auch nicht einhelliger Zustimmung in der katholischen Kirche und Theologie das Dogma von der Aufnahme Marias in den Himmel feierlich proklamiert; der Katholizismus befand sich noch mitten im „marianischen Jahrhundert“, für dessen Beginn die 1854 erfolgte Dogmati-

25 Edward Schillebeeckx: Pleidooi voor mensen in de kerk, Baarn 1985, 244.

26 Erste Fassung: Maria. Christus' mooiste wonderschepping, Antwerpen 1954; Zitate nach der zweiten Fassung: Maria, moeder van de verlossing, Antwerpen – Haarlem 1955.

sierung der Lehre von der Unbefleckten Empfängnis steht, und die Marienfrömmigkeit stand landauf, landab in voller Blüte.

In seinem Marienbuch markiert Schillebeeckx gleich zu Anfang seine Grundposition: „Das Marien-Mysterium kann in seiner echten christlichen Tiefe erst sicher und vollständig zum Ausdruck gebracht werden, wenn es sich nicht zu einem losgelösten Traktat entwickelt, sondern in organischer Einheit innerhalb des Christus-Mysteriums oder der Christologie zu voller Entfaltung kommt.“[27] Er möchte durch eine positive und ernsthafte Darstellung die Mitte halten zwischen „links und rechts“, sich von „bestimmten Exzessen“ in der wahren Verehrung Marias genauso distanzieren wie von einer „unchristlichen Kleinmacherei“ derselben.[28] Zu diesem Zweck skizziert er zunächst das Bild der „historischen Maria“, also das, was sich den Evangelien über das Leben der Mutter Jesu entnehmen lässt, und kommt dabei zu dem Schluss, das Leben Marias sei wie das unsere im vollen Sinn menschlich gewesen, kein Märchen wie das von Schneewittchen. Schillebeeckx widmet sich dann eingehend der Rolle Marias im Erlösungsgeschehen und betrachtet ihre Erlösung als „objektive Gabe“ wie als „subjektive Zueignung“[29], wobei ein eigenes Kapitel der Jungfräulichkeit Marias gilt. In Überlegungen, die heute auch dem professionellen Theologen einigermaßen fremd erscheinen, bemüht er sich, das marianische Grundprinzip und damit den organischen Zusammen-

27 Ebd., 13.

28 Ebd., 15.

29 Ebd., 45.

hang aller Glaubensaussagen über Maria herauszuarbeiten. Ein Satz als Beispiel: „Maria ist die Auserwählte, die durch ihre ungemein tiefe Glaubenszustimmung erlöst wurde, sichtbar geworden im leiblichen Empfangen des universalen Ursakraments, des heiligen Menschen Christus Jesus: der Gottmensch; mit anderen Worten durch die Mutterschaft als aufgenommen in ein persönliches freies Engagement der Mutter."[30] In diesem Zusammenhang thematisiert er auch die Unterschiede zwischen dem katholischen und protestantischen Verständnis Marias. Er hält der protestantischen Seite vor, sie missverstehe die Mutterschaft Marias, weil sie die persönliche, verdienstvolle Mitwirkung des Menschen bei seiner Rettung leugne. Dieses Missverständnis sei möglicherweise der Grund der Missachtung der wirklichen Größe Marias im Geschehen der Menschwerdung.

Im zweiten Teil über „Unsere Lebensantwort auf die Mutter Maria" geht Schillebeeckx der Frage nach: „Welchen Platz muss Maria auf Grund ihrer besonderen heilbringenden Funktion im Gnadengeschehen in unserem bewusst und ausdrücklich vollzogenen christlichen Leben einnehmen?"[31] Seine Antwort lautet, das volle christliche Leben sei wesentlich marianisch, weil Maria eine unersetzliche Funktion in der christlichen Heilsordnung zukomme. Gleichzeitig ruft er zur Bescheidenheit beim Propagieren einer bestimmten Form von Marienfrömmigkeit auf und weist auf die Gefahr eines fragwürdigen „Marianismus" hin. Schillebeeckx zeigt aber durchaus Verständnis für die marianische

30 Ebd., 99.

31 Ebd., 119.

Volksfrömmigkeit, die kein Intellektualismus jemals aus dem volkstümlichen religiösen Leben verbannen könne. In diesem Zusammenhang kommt er zu dem Urteil, „authentische Marienerscheinungen" gehörten zum prophetischen beziehungsweise charismatischen Element des kirchlichen Lebens.[32] Aber nicht die vertiefte Beschäftigung mit Marienerscheinungen werde mehr Licht auf die wahre Gestalt Marias fallen lassen, sondern der Rückgriff auf das Evangelium und die betende Besinnung auf das Mariendogma. Das Buch endet mit Ausführungen zum Rosenkranz und einem frommen, fast gefühlvollen Lob der Gottesmutter – auch das gibt es also beim in der Regel doch ausgesprochen nüchternen Dogmatiker Schillebeeckx.

Gespür für kirchenpraktische Probleme und für den gläubigen Lebensvollzug

Die Veröffentlichungen zur Theologie der Sakramente, die er vor der Zäsur der beiden Jesusbücher vorlegte, wie auch sein Buch über Maria machen deutlich, dass Schillebeeckx nie ein abgehobener Gelehrter war, sondern immer auch ein Gespür für kirchenpraktische Probleme und für den konkreten gläubigen Lebensvollzug von Laienchristen, Klerikern und Ordensangehörigen hatte. Das zeigt sich an Aufsatztiteln wie beispielsweise: „Ist die Beichte noch up to date?" (1952), „Versuche zur konkreten Ausarbeitung einer Laienspiritualität" (1952), „Klösterlicher Gehorsam" (1955) oder „Berufung, Le-

---

32 Ebd., 132.

bensentwurf und Lebensweise“ (1961). Dazu kam bei Schillebeeckx auch ein ausgeprägtes Interesse an Herausforderungen durch das allgemeine geistige Klima der Gegenwart und den gesellschaftlichen Wandel wie auch durch theologische Reaktionen darauf. Eine solche Herausforderung war seinerzeit zweifellos das 1963 erschienene kleine Buch des anglikanischen Bischofs von Woolwich, John A. T. Robinson, mit dem zugkräftigen Titel „Honest to God“,[33] das seinerzeit nicht nur in England Furore machte. Schillebeeckx publizierte zur „Causa Robinson“ schon bald nach der Veröffentlichung des nicht nur in England viel beachteten Buchs einen ausführlichen Aufsatz in der „Tijdschrift voor Theologie“, der in deutscher Übersetzung ein Jahr später in Buchform herauskam.[34]

Schillebeeckx fasst die Position von Robinson so zusammen: „Eine Aussage ist theologisch, nicht weil sie uns etwas über ein individuelles Wesen, das wir Gott nennen, sagen würde, sondern weil sie eine Aussage über den letzten Sinn unseres eigenen Daseins macht.“[35] Das Buch „Honest to God“ mit seiner Absage an den Theismus und seiner Reduktion der Theologie auf Anthropologie ist für Schillebeeckx „nur ein Exponent dessen, was wir tagtäglich um uns herum verspüren: bei gläubigen Christen, Ordensleuten und Laien und bei unkirchlich gewordenen Christen; oft sind wir sogar geneigt, zu sagen: gerade bei den, menschlich gesprochen, interessantesten Menschen.“[36] Er möchte deshalb eine Antwort

33 Deutsche Übersetzung: Gott ist anders, München 1963.

34 Edward Schillebeeckx: Personale Begegnung mit Gott. Eine Antwort an John A. T. Robinson, Mainz 1964.

35 Ebd., 13.

36 Ebd., 20.

auf die Herausforderung durch das Buch von Robinson geben und gleichzeitig „das Brauchbare und Wertvolle einer solchen Auffassung“ würdigen, „ohne den Menschen oder Gott in ihrer tiefsten Bedeutung zu verkennen.“[37]

Seine Antwort auf Robinson ist alles andere als leichte Kost – wie auch nicht anders zu erwarten. Schillebeeckx geht es einerseits um den Aufweis der Ausrichtung des Menschen auf das transzendente Geheimnis Gottes, das nicht einfach mit der Unabdingbarkeit in der Achtung und Ehrfurcht vor dem Mitmenschen zusammenfallen könne. In einem zweiten Schritt kommt dann Gottes ausdrückliches Heilsangebot zur Sprache: „Gerade weil Gott den Menschen in sein Lebensgeheimnis hineinnehmen wollte, hat er ihn als ein Wesen erschaffen, das in Selbsthingabe an den anderen zu sich selbst kommen kann und von daher nach einem persönlichen Umgang mit Gott verlangt.“[38] Daraus ergibt sich: Von Christus und seiner Kirche aus lasse sich verstehen, wie auch außerhalb der geschichtlichen Konfrontierung mit dem Menschen Jesus oder der Kirche Christi ein wirklicher, bewusster Umgang mit dem lebendigen Gott möglich werde, vor allem durch die allgemeine Mitmenschlichkeit. Religion, so ein Kernsatz von Schillebeeckx, sei einerseits nicht eine Welt für sich neben unserer menschlichen Welt und andererseits trotzdem ein wirkliches Zusammensein und Zusammenarbeiten mit Gott selbst, der übergeschichtlichen und überweltlichen absoluten Wirklichkeit. Er kann zugespitzt und herausfordernd sogar formulieren: „Die Horizontalisierungstendenz ist in Wirklich-

37 Ebd., 27.

38 Ebd., 52.

keit ein Verlangen, die Kirche Jesu Christi als eine wahre Gemeinschaft der Liebe zu sehen!“[39]

In diesen Zusammenhang gehören auch andere Aufsätze von Schillebeeckx aus den späten 50er und frühen 60er Jahren. Zu nennen sind etwa Titel wie „Auf der Suche nach Gottes Abwesenheit“ (1957), „Die Bedeutung des nicht-religiösen Humanismus für den heutigen Katholizismus“ (1961) oder „Theologische Reflexion über religionssoziologische Deutungen im Zusammenhang mit dem heutigen ‚Unglauben‘“ (1962). Zur gleichen Zeit befasste sich Schillebeeckx in diversen Beiträgen auch mit methodischen Grundproblemen seines eigenen theologischen Fachs, der Dogmatik, die sich nach der Engführung der Neuscholastik im Spannungsfeld von überlieferter Glaubenstradition, Rückbesinnung auf die biblische Grundlage und Auseinandersetzung mit gegenwärtigem Denken sozusagen neu erfinden musste. So erschien 1961 ein programmatischer Aufsatz in der „Tijdschrift voor Theologie“ mit dem Titel „Die neue Wende in der heutigen Dogmatik“[40], in dem Schillebeeckx seinen Lesern gleich zu Anfang Mut zuspricht: Das Neue in der Theologie dürfe nicht erschrecken oder argwöhnisch machen. Es gehe nicht um eine andere Theologie, „sondern um die alte, kirchliche Theologie, die jedoch kräftiger von der alten Glaubenswirklichkeit Besitz ergreift.“[41] Er verweist als positives Beispiel für eine solche theologische Neubesinnung auf die Zeit des Thomas von Aquin, in der durch die Begegnung mit aristotelisch-

39 Ebd., 94.

40 Deutsche Übersetzung in: Edward Schillebeeckx: Offenbarung und Theologie, Mainz 1965, 316–349.

41 Ebd., 317.

arabischer und jüdischer Philosophie und durch den Rückgriff auf Quellen der Schrift und der Väterzeit die alten Einsichten der damaligen offiziell-kirchlichen Theologie neu zu leben begonnen hätten.

Dieser Linie ist auch die Analyse von theologisch-dogmatischen Neuansätzen auf Grund der Gegenwartssituation verpflichtet, die Schillebeeckx in seinem Aufsatz unternimmt. Auf der einen Seite macht er sich zu ihrem entschiedenen Fürsprecher, gleichzeitig weist er auf Übertreibungen und Fehlentwicklungen hin, die mit ihnen einhergehen. Das gilt ihm zufolge für die Berufung auf die menschliche Existenz-Erfahrung, also eine Theologie, die stark phänomenologisch vorgeht, dabei aber die Metaphysik preisgibt. Hier sei man noch lange nicht zu einer richtigen Harmonie gekommen. Schillebeeckx betont, die Anerkennung der leiblich-geistigen Grundverfassung des Menschen habe auf dogmatischem Gebiet Revolutionen zuwege gebracht, und zeigt das an der Gotteslehre und der Christologie, am Reden von Gnade und göttlichen Tugenden, am Verständnis der Kirche und ihrer Sakramente und beim Thema Eschatologie: Der moderne Traktat über die Eschata bleibe frei von falschen Zukunftserwartungen und apokalyptischen Orakeln. Die existentiellen Kategorien der Intersubjektivität und der Begegnung würden aber dermaßen überbewertet, „daß man keinen Blick mehr für die ontologischen Implikationen der Gnadengemeinschaft mit Gott hat“.[42]

42 Ebd., 339.

Überlegungen zur theologischen Hermeneutik

Auch beim Ernstnehmen der Geschichtlichkeit des menschlichen Lebens macht Schillebeeckx Positives und Negatives in der neueren Theologie namhaft: Das Bewusstsein von der geschichtlichen Dimension und somit das Interesse für die Heilsgeschichte habe nicht nur den Aufbau jedes einzelnen theologischen Traktats geändert, sondern auch verschiedene neue Perspektiven auf den Inhalt des Glaubens eröffnet. Dadurch werde allerdings die spekulative Theologie oft völlig übergangen. Auf der Habenseite verbucht er außerdem die positive Bewertung der Säkularisierung: „Der Christ akzeptiert mit der Welt zugleich alle Gesetzmäßigkeiten und alle Möglichkeiten, die in seinem Dasein in der Welt erschlossen sind.“[43] Aber der weltliche Aspekt der religiösen Lebenshaltung führe bisweilen zu einer Verkennung der Transzendenz-Aspekte des Christentums. Schließlich würdigt Schillebeeckx den stärker ökumenischen Charakter der katholischen Dogmatik – immerhin noch vor dem offiziellen Durchbruch des katholischen Ökumenismus auf dem Zweiten Vatikanischen Konzil. Er gibt zu bedenken, es sei durchaus möglich, dass bestimmte authentisch-christliche Formen in der katholischen Kirche nur schwach vertreten seien, „während sie bei den Protestanten zu einer ganzen religiösen Kultur geworden sind“.[44]

In die Zeit kurz nach dem Konzil fielen dann Texte, in denen Schillebeeckx seine Überlegungen zur theologischen

43 Ebd., 345.

44 Ebd., 349.

Hermeneutik weiter verfolgte, etwa in einem Beitrag zu den Herausforderungen durch die verschiedenen Methoden der Sprachanalyse.[45] 1969 erschien in der „Tijdschrift voor Theologie" ein Aufsatz über den „rechten Glauben", seine Unsicherheiten und seine Kriterien, der von der Feststellung ausgeht, „daß die Forderung des ‚rechten Glaubens' in einer vollständigen Treue gegenüber dem biblischen Jesus, dem Christus, besteht, in dem die Heilstat Gottes an uns vollzogen ist."[46] Diese ‚Orthodoxie' bleibe das Wahrzeichen jeder christlichen Theologie und kein Theologe, der dieses Namens würdig sei, werde sie preisgeben wollen: „Nicht diese Treue, sondern die Artikulation oder konkrete Formulierung derselben stellt vor allem in unserer Zeit jedoch mancherlei neue Probleme."[47]

Diese Probleme geht Schillebeeckx an, indem er den Pluralismus in Theologie und Glaubensverständnis unter den aktuellen Verstehensbedingungen thematisiert und dabei konstatiert, der Pluralismus gehöre zur Geschichtlichkeit der menschlichen Wirklichkeit und könne letztlich nicht überwunden werden, auch wenn er nicht das letzte Wort sein könne. Das Wechselverhältnis zwischen Theorie und Praxis in Bezug auf den Glauben bringt er auf die einigermaßen sperrige Formel: „Zwar genügen also gemeinsame Liturgie und gemeinsame christliche Sorge und gemeinsamer christlicher Einsatz für die Weltverbesserung, getrennt vom Glau-

45 Vgl.: Sprachanalyse, Hermeneutik und Theologie, in: Edward Schillebeeckx. Glaubensinterpretation. Beiträge zu einer hermeneutischen und kritischen Theologie, Mainz 1971, 20–47.

46 Glaubensinterpretation, 53.

47 Ebd., 54.

benswort, nicht, um die Glaubensorthodoxie zu verifizieren, doch wegen der mitspielenden Voraussetzungen ist es ebenso wenig möglich, die Glaubensorthodoxie bloß aufgrund einer theoretischen Feststellung, daß die auf plurale Weise formulierten Glaubensbegriffe dieselbe Intentionalität enthalten, zu bestimmen."[48] In diesem Zusammenhang bestimmt er Dogmen als durch die Schrift normierte richtunggebende Modelle für eine evangelientreue theologische Neuinterpretation des einen christlichen Glaubens. Gleichzeitig erinnert er an die heute größer gewordene Verantwortung der Theologen; die gegenwärtige Situation fordere von ihnen eine „größere Bescheidenheit, Demut und einen größeren Liebesdienst gegenüber der Glaubensgemeinschaft."[49]

In einem weiteren Aufsatz aus jenen Jahren widmete sich Schillebeeckx dem Stichwort „Korrelationsmethode", also der Frage nach einer Entsprechung zwischen menschlicher Lebensproblematik und dem christlichen Glauben als Antwort darauf.[50] Dabei arbeitet er heraus, dass die Frage des Menschen vom Menschen selbst beantwortet werden müsse, und nicht direkt auf eine Antwort aus der Offenbarung angewiesen sein könne. Vielmehr gelte: „Die zögernde, zuerst in der Praxis gegebene Antwort des Menschen auf seine eigene Frage wird im christlichen Glauben identifiziert, mit dem Finger aufgewiesen."[51] Im Licht der Offenbarung manifestiere sich der Überfluss an Sinn, der in dem Sinn enthalten

48 Ebd., 68.

49 Ebd., 82.

50 Vgl. Das Korrelationskriterium. Christliche Antwort auf eine menschliche Frage?, in: Glaubensinterpretation, 83–109.

51 Ebd., 108.

sei, den der Mensch selbst schon in der Welt entdeckt habe. Auf diesem Hintergrund kommt Schillebeeckx dann schließlich zu der Aussage: „Im Menschen Jesus wird die Frage des Menschen nach sich selbst und die menschliche Antwort auf diese Frage in eine göttliche Frage an den Menschen und in die göttliche Antwort auf diese Frage übersetzt: Jesus ist der Sohn Gottes, ausgedrückt in Menschheitsbegriffen.“[52] Damit stehen wir sozusagen an der Schwelle zu dem Grundgedanken, der in „Jesus. Die Geschichte von einem Lebenden“ entfaltet wird.

Erik Borgman überschreibt ein Kapitel seiner Schillebeeckx-Biographie mit „Die Löwener theologische Synthese“ und befasst sich darin schwerpunktmäßig mit Texten, die für die Entwicklung der Theologie von Schillebeeckx auf dem Weg zum Neuansatz in den beiden Jesusbüchern wichtig sind, aber nicht in veröffentlichter Form vorliegen. Es handelt sich um vier jeweils etwa 500-seitige Konvolute von Vorlesungsmaterialien, die er seinen Studierenden zur Verfügung stellte. „Die Texte machten sowohl in Flandern wie in den Niederlanden bis etwa in die 60er Jahre die Runde und können als Ertrag des Theologietreibens von Schillebeeckx in Flandern betrachtet werden, der von ihm in bestimmtem Maß auch autorisiert wurde.“[53] Die vier unveröffentlichten Traktate behandeln die Struktur des Glaubensakts und das Wesen von Theologie, die Christologie, die Schöpfungslehre und schließlich die Eschatologie. Schillebeeckx' Konvolut „Theologische Reflexionen über den Schöpfungsglauben“

52 Ebd., 109.

53 Erik Borgman: Edward Schillebeeckx, 217.

von 1956/57 ist dabei für Borgman „in einem bestimmten Sinn eine Zusammenfassung seiner Löwener theologischen Synthese“[54]. Für die wichtigsten Inhalte und methodischen Grundlinien der unveröffentlichten Vorlesungen sei auf die Zusammenfassungen in seiner Biographie verwiesen[55] – Borgman arbeitet vor allem das für den Schillebeeckx jener Jahre charakteristische Neben- und Ineinander von traditionell-neuscholastischer Sicht und oft noch tastend vorgetragenen neuen und zukunftsweisenden Verstehensansätzen zu den verschiedenen Themen heraus.

54 Ebd., 252.

55 Ebd., 216–269.

4b.
Die beiden großen Jesusbücher

Im Jahr 1974 veröffentlichte Edward Schillebeeckx das Buch, das zu seinem größten Publikumserfolg, jedenfalls in den Niederlanden, werden sollte und das gleichzeitig eine Zäsur in seinem theologischen Schaffen markierte: „Jesus. Die Geschichte von einem Lebenden" (eine wörtliche Übersetzung des niederländischen Titels „Jezus, het verhaal van een levende"). Trotz seines beträchtlichen Umfangs bezeichnete Schillebeeckx das Jesusbuch in der Einleitung als „Prolegomenon"[1]. Und tatsächlich ließ er schon drei Jahre später einen weiteren dickleibigen Band folgen, mit dem er sein theologisches Großprojekt fortsetzte, diesmal mit dem Titel „Christus und die Christen. Die Geschichte einer neuen Lebenspraxis" (im niederländischen Original heißt das Buch: „Gerechtigheid en liefde. Genade en bevrijding", also auf Deutsch: „Gerechtigkeit und Liebe. Gnade und Befreiung"). Im Abstand von 12 Jahren, Jahre nach seiner Emeritierung in Nimwegen, komplettierte Schillebeeckx dann sein Hauptwerk zur Trilogie und legte das verhältnismäßig schmale Buch „Menschen. Die Geschichte von Gott" vor (wieder eine wörtliche Übersetzung des niederländischen Titels „Mensen als verhaal van God"). Es wird im Kapitel über

1 Eward Schillebeeckx, Jesus. Die Geschichte von einem Lebenden, Freiburg 1975 (Im Folgenden „Jesus"), 29.

das theologische Spätwerk von Schillebeeckx genauer besprochen.

In der Bibliographie der Veröffentlichungen von Edward Schillebeeckx bis zum Erscheinen seines ersten Jesusbuchs sind Beiträge zu ausdrücklich christologischen Fragen nur in ziemlich geringer Zahl anzutreffen; der erste erschien mit dem Titel „Het hoopvolle Christusmysterie" („Das hoffnungsvolle Christusgeheimnis") im Jahr 1951 in der Löwener „Tijdschrift voor Geestelijke Leven". In der großen Festschrift zum 60. Geburtstag von Karl Rahner im Jahr 1964 („Gott in Welt") war der niederländische Dogmatiker dann mit dem Beitrag „Die Heiligung des Namens Gottes durch die Menschenliebe Jesu des Christus" vertreten. Andere Aufsätze mit christologischer Thematik fielen in die Zeit kurz vor der Veröffentlichung von „Jesus". In seiner Löwener Zeit las Schillebeeckx auch den dogmatischen Traktat Christologie. Erik Borgman hat das einschlägige unveröffentlichte Vorlesungsmanuskript für seine Biographie herangezogen. Dabei resümiert er, das Menschsein Jesu, seine Worte und Taten seien auch schon in den 1950er Jahren für Schillebeeckx von grundlegender Bedeutung gewesen, und möchte darin einen „Vorschein der umfassenden Aufmerksamkeit" sehen, die dieser dann in den 1970er Jahren der Gestalt des historischen Jesus gewidmet habe.[2] Borgman weist gleichzeitig auch auf die Unterschiede im christologischen „Approach" zwischen den Löwener Vorlesungen und dem Neuansatz mit „Jesus. Die Geschichte von einem Lebenden" hin. So hatte sich Schillebeeckx im Löwener Christologietraktat ausführlich mit dem

2 Vgl. Erik Borgman, Edward Schillebeeckx, 235.

Verständnis der Inkarnation und des menschgewordenen Gottessohnes bei Thomas von Aquin befasst, etwa mit der in der scholastischen Theologie strittigen Frage, ob die Menschwerdung Gottes eine Reaktion auf den Sündenfall darstellte oder schon im Schöpfungsplan angelegt war, oder auch mit den Problemen des christologischen Natur- und Personbegriffs.

Edward Schillebeeckx wurde in seinem Gesprächsbuch mit Huub Oosterhuis und Piet Hoogeveen gefragt, wann er als Theologe zu der Annäherung an die Gestalt Jesu gefunden habe, die er in seinen Jesusbüchern ausgearbeitet habe. Seine Antwort: „Schon in Löwen. Ich habe dort den Traktat Christologie gelesen, also im strengen Sinn dogmatische Theologie, aber als geistlicher Ausbildungsverantwortlicher für die Studenten habe ich auch etliche spirituell orientierte Vorträge gehalten, und in diesen Vorträgen ging ich von dem Menschen Jesus aus, in dem für uns deutlich wird, was eigentlich Gott für uns bedeutet … Damals habe ich mich auch erstmals, nicht sehr wissenschaftlich, aber doch einigermaßen kritisch mit dem Neuen Testament beschäftigt und mir die Frage gestellt: Wer ist Jesus in diesem Neuen Testament?“[3] Schillebeeckx gab dann zu Protokoll, er habe sich erst 1969 wieder mit der Christologie befasst und sich in diesem Zusammenhang gesagt: ‚Jetzt muss ich mich zuerst in die ganze moderne Exegese einarbeiten. Ich habe sicher drei, vier Jahre lang nichts anderes getan, als Exegeten zu studie-

3 God is ieder oogenblik nieuw. Gesprekken met Edward Schillebeeckx. Door Huub Oosterhuis en Piet Hoogeven, Baarn 1982, 33.

ren. Das war die Vorarbeit zu ‚Jesus. Die Geschichte von einem Lebenden'."[4]

Christologie „von unten" oder „von oben"?

Der verlegerische Zufall wollte es, dass im gleichen Jahr wie das Jesusbuch von Schillebeeckx in Deutschland zwei Werke von seinerzeit in Tübingen lehrenden katholischen Systematikern erschienen, die die christologische Debatte in der katholischen Theologie und darüber hinaus ebenfalls stark beeinflussten. Es handelt sich um „Jesus der Christus" von Walter Kasper (Mainz 1974) und um „Christ sein" von Hans Küng (München 1974). Kasper, Küng und Schillebeeckx waren mit diesen Büchern bei aller Unterschiedlichkeit in Anliegen, Stil und methodischem Vorgehen („Jesus der Christus" ist vom Typ her ein christologisches Lehrbuch, dagegen ist „Christ sein" eine breit angelegte, für ein breiteres Publikum gedachte Einführung in das Christentum) symptomatisch für eine theologische Neuorientierung auf katholischer Seite im Nachdenken über Person und Geheimnis Jesu Christi, die nicht zuletzt mit der offiziellen Aufwertung der historisch-kritischen Exegese durch die Offenbarungskonstitution „Dei Verbum" des Zweiten Vatikanischen Konzils zusammenhing. Edward Schillebeeckx hat diese bahnbrechende Errungenschaft des Zweiten Vatikanums in seinem Buch über die vierte Sitzungsperiode des Konzils folgendermaßen gewürdigt: „In einer umsichtigen Formulierung wird die kritische

4 Ebd., 34.

Methode der modernen Bibelwissenschaft innerhalb der fundamentalen Geschichtlichkeit der Heiligen Schrift gebilligt." (Er bezieht sich damit auf die Nr. 12 der Offenbarungskonstitution.) Und weiter: „Hinsichtlich des religiösen Lebens der Christen und der ganzen kirchlichen Verkündigung übt die Heilige Schrift eine kritische Funktion aus."[5] Jeder, der in der unmittelbaren Nachkonzilszeit katholische Theologie studierte, wird aus seiner persönlichen Erfahrung heraus bezeugen können, wie befreiend und produktiv sich die neuen Möglichkeiten der Hinwendung zur biblischen Botschaft und ihrer genauen historisch-kritischen Erforschung auswirkten.

Für die Christologie als Kernstück der katholischen Dogmatik und Fundamentaltheologie bedeutete das eine stärkere Gewichtung der Frage nach dem Jesus der Geschichte und damit eine Neujustierung des Verhältnisses von „Christologie von oben" einerseits und „Christologie von unten" andererseits. Innerhalb dieses Rahmens schlugen die damaligen Tübinger Kollegen Walter Kasper und Hans Küng teilweise verschiedene Wege ein und trugen auch entsprechende Kontroversen aus.[6] Edward Schillebeeckx hob sich mit seinem Jesusbuch wiederum von beiden Ansätzen deutlich ab. Das zeigt sich schon am Aufbau von „Jesus. Die Geschichte von einem Lebenden" und an der Gewichtung der einzelnen Teile. Auf den relativ knappen ersten Teil, in dem es um Fragen nach Methode, Hermeneutik und Kriterien der Rückfrage nach dem historischen Jesus geht, folgen zwei breit angeleg-

5 Edward Schillebeeckx, Besinnung auf das Zweite Vatikanum. Vierte Session. Bilanz und Übersicht, Wien 1966, 22.

6 Vgl. Leo Scheffczyk (Hg.), Grundfragen der Christologie heute (QD 72), Freiburg 1975, 141–182.

te, sehr ins exegetische Detail gehende Teile über den Weg Jesu bis zu seinem Tod und die Ostererfahrung der Jünger einerseits und andererseits über „Christliche Interpretationen des auferstandenen Gekreuzigten". Demgegenüber ist der Schlussteil („Für wen halten wir ihn?") wieder verhältnismäßig kurz gehalten und mündet in die Einladung, „die theoretische Theologie sowohl mit Geschichten (nicht zu früh, aber genausowenig zu spät) als auch vor allem mit Orthopraxis, d. h. der Praxis des Reiches Gottes zu verbinden, ohne die jede Theorie und jede Geschichte ihre Glaubwürdigkeit verlieren, erst recht in einer Welt, die ohnmächtig nach Gerechtigkeit und Befreiung ruft."[7] Das Buch endet mit einem Hinweis auf die Erzählung der Apostelgeschichte von der Heilung des Gelähmten durch Petrus im Tempel (Apg 3,1–10), mit der Schillebeeckx es 600 Seiten vorher auch beginnt.

„Die erste Zielsetzung bestand darin, die Geschichte über Jesus aus der ganzen Dogmatik herauszulösen und zu dem Menschen Jesus von Nazareth zurückzugehen, der genau damals und genau dort aufgetreten ist, und den ganzen Weg nachzuvollziehen – was er gesagt und getan hat und wie die Apostel darauf reagierten und vor allem, wie sie auf seinen Tod am Kreuz reagierten"[8] – so Schillebeeckx im schon erwähnten Gesprächsband von 1982 über sein Jesusbuch. Tatsächlich charakterisiert die Rede vom Weg, der nachvollzogen werden soll, den Grundansatz des Werks durchaus zutreffend. Es handelt sich allerdings nicht um eine gleichsam

7 Jesus, 598.

8 God is ieder oogenblik nieuw, 34.

naive, vorkritische Nacherzählung des Wegs Jesu und des nachösterlichen Wegs seiner Jünger. Vielmehr reflektiert Schillebeeckx sehr genau über seine Perspektive im Spannungsfeld zwischen Glaubensbekenntnis und Geschichte, zwischen Exegese und Theologie, genauso wie über die einzelnen Schritte des Wegs und baut sozusagen jeweils methodische Sicherungen ein. Er betreibt in seinem Buch zwar in einem für einen Dogmatiker der damaligen Zeit ungewöhnlichen Maß Exegese und beteiligt sich an der historischen Jesusforschung, deren Kriterien er in einem eigenen Abschnitt darstellt und beurteilt. Er tut das aber gleichzeitig als mit allen Wassern gewaschener theologischer Systematiker und als genauer Kenner sowohl der Theologiegeschichte in Patristik, Mittelalter und Neuzeit wie der zeitgenössischen Ansätze der Texthermeneutik.

Einleitend-programmatisch formuliert Schillebeeckx in der für ihn charakteristischen begrifflichen Diktion: „Im Neuen Testament finden wir ja das Zeugnis von Menschen, die Heil oder Gnade fanden, und zwar ausgesprochen ‚von Gott her', in Jesus von Nazaret, ein Grund, warum sie aus ihren Heilserwartungen heraus – kritisch konfrontiert mit der konkret-historischen Erscheinung Jesu – ihn ‚den Christus, Sohn Gottes, unseren Herrn' genannt haben. Heilsangebot und christliche Antwort innerhalb eines bestimmten, konjunkturellen Erfahrungs- und Verstehenshorizonts kommen im Bericht des Neuen Testaments zusammen."[9] Eine moderne Christologie impliziere daher eine historisch-kritische Untersuchung nicht nur dessen, was in Jesus wirklich

---

9 Jesus, 90.

zur Sprache gekommen sei, sondern auch des konjunkturellen Erfahrungshorizonts, in dem bestimmte Juden, später auch Heiden, positiv auf das ‚historische Phänomen' Jesus von Nazaret reagiert hätten. Es gehe um die gleichermaßen gläubige wie kritisch bewusste Suche nach möglichen Zeichen im historischen Jesus, „welche die menschliche Frage nach Heil auf das christlich-gläubige Angebot einer sinnvollen Antwort lenken können, durch Verweis auf ein (von Christen identifiziertes) besonderes Heilshandeln Gottes in diesem Jesus von Nazaret."[10]

Lebenspraxis und Gotteserfahrung Jesu

Schillebeeckx beginnt seine Darstellung von Botschaft und Lebenspraxis Jesu mit Ausführungen zu Johannes dem Täufer und den prophetischen und apokalyptischen Bußbewegungen in Israel als dem Hintergrund für sein Wirken. Dem stellt er das Spezifikum der Verkündigung Jesu gegenüber: Die Botschaft Jesu von der Gottesherrschaft und dem Reich Gottes sei in „ihrer Fülle die universale Menschenliebe Gottes, wie sie sich in seiner damit konsequenten Lebenspraxis manifestiert und darin ein Appell an uns ist, an dieses kommende Heil und Friedensreich ‚von Gott her' zu glauben und darauf zu hoffen und ebenso dessen Kommen voll Vertrauen in einer konsequenten Lebenspraxis zu manifestieren: in der Praxis des Reiches Gottes"[11]. Dem lässt er Erläuterungen zu den

10 Ebd., 91.

11 Ebd., 136.

Gleichnissen Jesu und zu den Seligpreisungen als „eschatologischer Revolution“[12] folgen. Schillebeeckx zieht die Linie im Sinn seiner leitenden Methodik im Umgang mit dem Jesus der Geschichte aus und verweist auf die Herausforderung an Menschen der Gegenwart, ihre Antwort auf die Gleichnisse Jesu beziehungsweise auf das Lebensgleichnis Jesu als Ganzes zu geben: „Ausgerichtet durch die ‚Erinnerung an Jesus‘, u. a. durch die schon vielen Antworten, die er durch die Jahrhunderte hindurch ins Leben gerufen hat, werden wir heute, als Zuhörer, mit diesem Lebensgleichnis Jesu konfrontiert.“[13] Niemand sonst, nicht die historischen Wissenschaften, nicht die Theologie, nicht einmal die ersten Christen oder das kirchliche Lehramt könnten an unserer Statt die Frage beantworten, „ob wir unser Leben auf dieses Gleichnis setzen“[14].

Das anschließende Kapitel über die Lebenspraxis Jesu widmet sich zunächst differenziert der Eigenart und Bedeutung der in den Evangelien erzählten „wunderbaren Machttaten des irdischen Jesus“ als „Glaubensangebot“[15]. Daran schließen sich Überlegungen zur befreienden und heilenden Tischgemeinschaft Jesu mit Zöllnern und Sündern an: Diesen Zug im irdischen Leben Jesu sieht Schillebeeckx als kohärent mit den tiefsten Intentionen von dessen Gleichnissen wie auch von dessen Machttaten und fasst zusammen: „Im irdischen Auftreten Jesu haben wir die von ihm gepredigte und geforderte Praxis des Reiches Gottes anschaulich vor Augen.“[16]

12 Ebd., 153.
13 Ebd., 152.
14 Ebd.
15 Ebd., 177.
16 Ebd., 188.

Der Blick richtet sich dann auf die vorösterliche Jüngergemeinschaft Jesu sowie auf das Verhältnis Jesu zum jüdischen Gesetz. Diesbezüglich scheine die Schlussfolgerung berechtigt: „Jesus befreit den Menschen von einem bedrückenden oder beengenden Gottesbild, indem er die Gesetzesideologie entlarvt als eine Orthodoxie, die in einem gebrochenen Verhältnis zur Orthopraxis steht, und außerdem als Orthodoxie, welche Ethik zu einem Schirm zwischen Gott und dem Menschen verselbständigt hatte, wodurch die Heilsrelevanz der Gesetzesverpflichtungen vernebelt wird. Die Rückwirkung der eigenen Botschaft Jesu von der Gottesherrschaft auf die menschliche Ethik ist damit als ein Faktor wahrer menschlicher Befreiung charakterisiert, dank seiner neuen ursprünglichen Gotteserfahrung."[17]

Dieser Gotteserfahrung widmet sich Schillebeeckx ausführlich, anhand der Anrede „Abba", mit der sich der historische Jesus offensichtlich an seinen göttlichen Vater gewandt hat: Ohne die „Abba"-Erfahrung werde das historische Jesusbild völlig entstellt, die Botschaft Jesu entkräftet und seine konkrete Lebenspraxis des Sinnes beraubt, den er ihr selber gegeben habe. Es entspricht der Eigenart von Schillebeeckx' Nachvollzug des Wegs des irdischen Jesus, dass er die Rekonstruktion von dessen Botschaft und Praxis in eine Frage münden lässt: „Kann man in der Tat aus einem tiefen religiösen Umgang mit Gott, den man als Schöpfer Himmels und der Erde und als einen auf Menschlichkeit bedachten Gott erfährt, in Wirklichkeit etwas über den Menschen sagen, vielleicht sogar das Wichtigste, was sich über Menschen sagen

17 Ebd., 226.

läßt?"[18] Der Hinweis darauf, dass die Botschaft Jesu und seine Praxis durch seinen gewaltsamen Tod verworfen wurden, und auf den damit unvermeidlichen Verdacht der Illusion und Utopie ist für Schillebeeckx das Scharnier dazu, im nächsten großen Abschnitt Ablehnung und Tod Jesu zu thematisieren.

Er stellt an den Anfang der diesbezüglichen Überlegungen einen Blick auf die Interpretation des Todes Jesu im frühen Christentum und unterscheidet drei nebeneinander bestehende Traditionskomplexe, „in denen der Tod Jesu verschieden interpretiert wird, drei Überlieferungsganze, die sich alle als sehr alt erweisen, ohne dass sich irgendeine chronologische Reihenfolge zwingend nachweisen läßt"[19]: ein „Kontrastschema" (nach Schillebeeckx wahrscheinlich die älteste Auffassung), in dem Jesus als der eschatologische Prophet-Märtyrer gedeutet wird, ein „Heilsgeschichtliches Schema", in dem der Tod Jesu in einen göttlichen Heilsplan eingeordnet wird, und ein „Soteriologisches Schema", wonach der Tod Jesu als erlösender Sühnetod erscheint. Schillebeeckx geht hinter diese kulturell-religiös vorgeprägten Schemata zurück und widmet sich der Frage, wie Jesus selbst seinen Tod gesehen hat. Er kommt als Ergebnis seiner Rekonstruktion zu dem Schluss: „Jesus hat seinen Tod als (irgendwie) in das Heil-von-Gott-her einbezogen, als historische Konsequenz seines sorgenden Liebesdienstes an den Menschen und seiner Solidarität mit den Menschen erfahren."[20] Das sei

18 Ebd., 239.
19 Ebd., 260.
20 Ebd., 275.

wohl das Mindeste, aber daher auch Gewisse, das man vom Einsetzungsbericht und vom Leidensbericht als historischen Kern werde übrigbehalten müssen.

Dreh- und Angelpunkt jeder Christologie, die beim Jesus der Geschichte ansetzt, ist die Auferstehung: Sie markiert ja den an verschiedenen Indizien greifbaren Übergang vom Leben und Sterben Jesu, soweit es sich aus den Berichten der Evangelien rekonstruieren lässt, zur „nachösterlichen" Zeit der Urgemeinde, in der dann bald die ersten schriftlichen Zeugnisse entstehen, die von Jesus erzählen und gleichzeitig das Geheimnis seiner Person zu deuten versuchen. Was hat, so formuliert Schillebeeckx, die Jünger kurze Zeit nach dem Tod Jesu zu der Behauptung gebracht, „sie seien wieder in eine aktuelle Lebensgemeinschaft mit Jesus aufgenommen, den sie als lebendigen, den von den Toten auferstandenen oder in den christlichen Verkündigern schon wirksamen oder als den bald wiederkehrenden Menschensohn verkündeten? Was ist zwischen dem Tod Jesu und der kirchlichen Verkündigung geschehen?"[21]

Bei seinem Versuch einer Beantwortung dieser grundlegenden Frage untersucht das Kapitel „Christliche Geschichte nach dem Tod Jesu" in detaillierter Exegese die neutestamentlichen Berichte über die Geschehnisse um das Grab Jesu sowie die Zeugnisse über Erscheinungen des Auferstandenen, bis hin zu der Bekehrungsvision des Paulus in ihren verschiedenen Versionen. Schillebeeckx kommt zu dem Ergebnis, eine metahistorische Auferstehung zur Sprache zu bringen, wie dies tatsächlich im Neuen Testament geschehe,

21 Ebd., 293.

setze wesensgemäß Erfahrungsereignisse voraus, die als Heilshandeln Gottes in Christus interpretiert würden. Diese Erfahrungen deutet er als Bekehrungsprozess der Jünger Jesu: „Die Erfahrung von Vergebung für ihre Feigheit und Kleingläubigkeit, eine Erfahrung, die mit erhellt ist durch Erinnerung an den Inhalt der irdischen Lebenstage Jesu, wurde damit zu der Matrix, in welcher der Glaube an Jesus als den Auferstandenen geboren wurde. Plötzlich ‚sahen' sie es."[22] Die mit „Ostererfahrung" gemeinte Realität ist nach dem Urteil von Schillebeeckx sowohl von den Traditionen um das Grab in Jerusalem als auch von der Überlieferung der Erscheinungen unabhängig. So werde ersichtlich, dass „Jesu Auferstehung, Geistessendung, Kirchengründung und Ostererfahrung (ausgedrückt durch ‚Erscheinungen') reale Aspekte eines einzigen großartigen Heilsgeschehens sind."[23]

Von der ‚Theo-logie' Jesu zur Christologie

Als nächsten Schritt seiner Rekonstruktion der Verschränkung der Geschichte Jesu mit ihrem Heilsangebot und deren gläubiger Interpretation arbeitet Schillebeeckx vier „Credo-Modelle" heraus, die er in verschiedenen frühchristlichen Traditionssträngen ansiedelt. Aus diesen Traditionen, so die These, lasse sich heute noch ermitteln, dass verschiedene vorkanonische, unabhängige christologische Jesusinterpretationen in Umlauf gewesen seien, „von denen jede für sich deut-

22 Ebd., 346.

23 Ebd., 351.

liche Anknüpfungspunkte in bestimmten Facetten der irdischen Lebenstage Jesu hat, wenn auch für jede Gemeinde in einer selektiven Weise“[24]. Die vier von ihm herausgearbeiteten Modelle sind eine Parusie-Christologie vor allem in den Gemeinden der Q-Tradition und des Markusevangeliums (für sie ist Jesus der Bringer kommenden Heils, Herr der Zukunft und Weltenrichter), dann eine „Theios Aner-Christologie“, die Jesus als göttlichen Wundermann deutet. Als drittes Modell werden „Weisheits-Christologien“ identifiziert (für sie ist Jesus die präexistente, inkarnierte, erniedrigte, aber erhöhte Weisheit), als viertes schließlich die „Pascha“-Christologien, für die Jesus der auferstandene Gekreuzigte sei. Dieses Pascha-Kerygma sei wesentlich für eine kanonische Christologie. Aber eine isolierte Pascha-Christologie sei in Wirklichkeit unkanonisch, genauso wie eine Theologie Jesu von Nazaret ohne das Pascha-Kerygma. Schillebeeckx zieht aus seiner Rekonstruktion den Schluss: „Es geht im Christentum nicht nur um die bleibende Botschaft Jesu und ihre endgültige Relevanz, sondern im Kern um die bleibende, eschatologische Relevanz seiner Person selbst. Das ist die eigentliche christologische Einheit in diesen vier Credo-Modellen.“[25]

Damit ist das Stichwort für einen weiteren Schritt auf dem Weg gegeben, den Schillebeeckx mit seinem Jesusbuch verfolgt. Es geht ihm nämlich um den Aufweis einer allen Credo-Modellen vorausliegenden ersten Identifizierung Jesu, als Bindeglied zwischen dem irdischen Jesus und den ur-

24 Ebd., 357.

25 Ebd., 388.

christlichen Bekenntnissen. Die eine grundlegende, allen Credo-Modellen gemeinsame Grundinspiration ist für ihn „die ihnen allen gemeinsame anfängliche Anerkennung von Heil eben in der Person Jesu: ihre Identifizierung Jesu mit dem endzeitlichen Propheten – das Grundcredo allen Christentums."[26] Schillebeeckx rekonstruiert diese Identifizierung Jesu als Auswahl der ersten christlichen Gemeinden aus den vorgegebenen jüdischen Modellen endzeitlicher Heilsgestalten. Aufgrund dessen, was sie im Umgang mit Jesus in seinen irdischen Lebenstagen erfahren hätten, sei die Wahl der allerersten Jesusjünger und späteren Christen auf das ihnen bekannte jüdische Modell des eschatologischen Propheten gefallen. Wer, so der weitere Gedankengang, Jesus als eschatologischen Propheten des nahen Gottesreiches anerkenne, habe traditionsgeschichtlich ein Wortfeld erschlossen, „in dem unmittelbar Titel wie der Christus, der Kyrios, der Sohn Gottes fast als Synonyma oder zumindest als Assoziationen zutage treten"[27].

Letztlich geht es Schillebeeckx bei seinen exegetischen Untersuchungen um eine grundlegende These, die gleichzeitig sein leitendes systematisches Interesse markiert: „Das Neue Testament ist global eine lebensgetreue, gläubige Reflexion des historischen Auftretens Jesu von Nazaret."[28] Auf diesem Hintergrund widmet er sich in einem weiteren Kapitel seines Jesusbuchs unter der Überschrift „Von einer ‚Theologie Jesu' zu einer Christologie" der Ausbildung dessen, was

26 Ebb., 389.
27 Ebd., 425.
28 Ebd., 457.

er eine christologische Theologie „zweiten Grades" nennt, schon im Neuen Testament selber und dann vor allem im christologischen Dogma der altkirchlichen Konzilien. Es ist ihm dabei darum zu tun, „vor allem die Unumgänglichkeit der Fragestellung in das Licht zu rücken und zugleich die Nichtnotwendigkeit des Verstehenshorizonts, in dem nach einer Antwort gesucht wurde."[29]

Sowohl der Abschnitt über die zunehmende Reflexion über die Gestalt Jesu und das mit ihr verbundene Heilsangebot im Neuen Testament wie der über das christologische Dogma der Alten Kirche sind sehr knapp gehalten. Eigentliches Thema von Schillebeeckx' Jesusbuch ist ja die Rekonstruktion der allerersten Anfänge des Prozesses, in dem sich der Glaube an Gottes Heilshandeln in Jesus herausgebildet hat. Für das Neue Testament verweist er in aller Kürze auf drei wichtige, auseinanderlaufende Interpretationen der Sohnschaft Jesu: Jesus als Davidssohn und als „Abrahamssohn"; Jesus als Sohn Gottes kraft der Auferstehung, der Geistsendung bei der Johannestaufe, kraft der Geistesgabe seiner Empfängnis und Geburt; Jesu als Sohn Gottes auf eine präexistente Weise. Alle diese christologischen Aussagen seien funktional, im heilsgeschichtlichen Sinn gemeint; aber jüdisch-christlich sei das tatsächlich eine Wesensbestimmung Jesu. Schillebeeckx resümiert: „Von Gott aus ist Jesus für seine Mitmenschen da, er ist die Gabe Gottes an alle Menschen: Das ist die neutestamentliche Endschau auf Jesus von Nazaret und gleichsam seine Wesensdefinition."[30]

---

29 Ebd., 486.

30 Ebd., 493.

Er bewertet dann die altkirchliche Entwicklung, für die die Konzilien von Nizäa (325) und Chalkedon (451) stehen, als notwendiges Bemühen, im Kontext und mit den Mitteln griechischer Philosophie und Kultur auf der Ebene der zweiten Reflexion das Grundbekenntnis zum entscheidenden Heil in Jesus von Gott her sicherstellen zu wollen. Gleichzeitig beurteilt Schillebeeckx diese Entwicklung insofern kritisch, als seit dem Konzil von Nizäa das johanneische christologische Modell zur Norm erhoben worden sei und dadurch die Möglichkeiten des synoptischen Modells in der Geschichte nicht zu ihrem Recht gekommen seien: „Die einseitige Entscheidung hat auf die Dauer zu Aporien geführt, die auf dem einmal eingeschlagenen Weg kaum zu lösen sind. Gerade deshalb verlangt sie nach neuer, kritischer Erinnerung an vornizänische Tendenzen, wodurch nicht die alte Entscheidung, aber ihr einseitiger Akzent und das Verschweigen komplementärer, wesentlicher Aspekte ungeschehen gemacht werden."[31] Dadurch, so Schillebeeckx, werde eine Erneuerung der Christologie unter einem neuen Erfahrungs- und Verstehenshorizont möglich.

Ansätze zu einer solchen, an den Fragen und Herausforderungen der Gegenwart orientierten Erneuerung der Christologie versucht das Jesusbuch von Edward Schillebeeckx in seinem abschließenden Teil, nachdem es sich vorher ausführlich der ersten Identifikation Jesu durch die Jünger bzw. die frühen christlichen Gemeinden gewidmet hat. Schillebeeckx nimmt im vierten Teil des Buchs seine Gegenwart in ihren verschiedenen sozialen, kulturellen und religiösen Aspekten

31 Ebd., 505.

nicht breit in den Blick, sondern konzentriert sich auf die für eine Christologie nach der Aufklärung unumgänglichen Grundfragen nach dem Verhältnis von Universalität und Partikularität (man denke an das berühmt-berüchtigte Diktum von Gotthold Ephraim Lessing, wonach zufällige, historische Wahrheiten nie der Beweis für notwendige Vernunftwahrheiten werden könnten) sowie nach dem Verständnis von Geschichte in ihrer Ambivalenz als Befreiungs- und als Leidensgeschichte: „In dieser noch nicht beendeten menschlichen Geschichte des Leidens auf der Suche nach Sinn, Befreiung und Heil bot sich Jesus von Nazaret, mit einer Botschaft und Praxis von Heil, als ein Mitmensch dar, der gleichwohl durch seine neue Lebenspraxis und sein schuldloses Leiden und Sterben am Kreuz eine neue und erneuernde Lesart unserer alten Geschichte gibt."[32] Glaube an Jesus mache es möglich, Übel und Leiden und Heil zusammen zu bejahen und in einer in Jesus grundgelegten Weise dennoch Heil und Güte das letzte Wort geben zu können, zu dürfen und zu müssen.

Auf diesem Hintergrund ist es Schillebeeckx vor allem darum zu tun, die beiden Grunddimensionen im Verständnis von Leben und Person Jesu gerade auch für einen gegenwärtigen Erfahrungshorizont zu wahren: Seine kontingente, historisch greifbare Menschlichkeit einerseits und sein besonderes Verhältnis zu Gott andererseits, deren Verbindung gerade das herausfordernde Spezifikum Jesu ausmacht und es ermöglicht, in ihm von Gott her Heil zu finden. Deshalb ist es konsequent und wohl auch unumgänglich, dass er am Ende seines Jesusbuchs einen Abschnitt „Notwendigkeit, Schwie-

32 Ebd., 552.

rigkeit und Grenzen einer theoretischen christologischen Personidentifizierung" widmet, nicht ohne dabei die für sein ganzes Vorgehen durchaus charakteristische Frage zu stellen, „ob eine zu große theoretische Präzisierung im Hinblick darauf, wer Jesus Christus ist, nicht mehr schaden als nützen kann."[33] Durch eine theoretische Präzisierung des Gottesgeschehens, von dem Jesus überwältigt sei und das den Sinn und den Kern seines Lebens bilde, verarme dieses Geschehen, „und eine solche steht daher am Rand des Abgrunds historischer, einseitiger Verzeichnung"[34].

Schillebeeckx vertieft sich, ausgehend von der „Abba-Erfahrung" Jesu, in die Probleme und Abgründe des christologischen Personbegriffs, fachtheologisch gesprochen in die Rede von „Anhypostasie" und „Enhypostasie": Inwiefern ist Jesus eine göttliche und inwiefern eine menschliche Person, und wie verhalten sich die beiden Bestimmungen zueinander? Sein Lösungsansatz und gleichzeitig die Quintessenz seiner Christologie steckt in dem Satz: „Jesus von Nazaret, der auferstandene Gekreuzigte, ist der Sohn Gottes in der Weise eines wirklichen und kontingenten Menschen."[35] Gleichzeitig muss er zugestehen, dass die Theologie beim Versuch der Auslotung dieser einmaligen Gegebenheit an Grenzen stößt: „Wie der Mensch Jesus zugleich für uns die Gestalt einer durch überwältigende Immanenz unsere Zukunft transzendierenden, anwesenden göttlichen ‚Person', des Sohnes, sein kann und darf, ist trotz seines von uns ein-

33 Ebd., 577.
34 Ebd.
35 Ebd., 594.

gesehenen Nicht-Widerspruchs und der sinnvollen Darstellung desselben durch Jesus von Nazaret meines Erachtens ein theoretisch weiterhin nicht mehr ergründbares Mysterium."[36] Dem folgt die Einladung des Autors, die theoretische Theologie sowohl mit Geschichten als auch vor allem mit Orthopraxis, also der Praxis des Reiches Gottes zu verbinden, ohne die jede Theorie und jede Geschichte ihre Glaubwürdigkeit verlieren würden.

Strukturelle Parallelen zwischen den beiden Jesusbüchern

Schillebeeckx konstatierte am Ende von „Jesus. Die Geschichte von einem Lebenden", das Buch verlange eine wesentliche Ergänzung durch eine Darlegung, „in welcher Weise in einem heutigen Verstehens- und Handlungshorizont das Problem der Erlösung und Emanzipation – das heutige Problem unserer Befreiungsgeschichte – zur Sprache kommen müßte."[37] Diese Ankündigung wurde drei Jahre später durch den Wälzer „Christus und die Christen" eingelöst. In der Einleitung zu diesem Buch setzt es Schillebeeckx selbst ins Verhältnis zum vorausgegangenen. Jetzt suche er nicht, wie im ersten Band, nach dem, was im ‚historischen Jesus' den Durchstoß zu dem habe geben können, was das Neue Testament von ihm bekenne; vielmehr gehe es jetzt „unmittelbar um die neutestamentliche Ergänzung dessen,

---

36 Ebd.

37 Ebd.

was Christen in ihrer Begegnung mit Jesus, dem Herrn, erfahren haben."[38]

In Struktur und Gewichtungen gibt es weitgehende Parallelen zwischen den beiden Jesusbüchern. Auch in „Christus und die Christen" steht der neutestamentlich-exegetische Teil zentral und nimmt vom Umfang her den größten Raum ein: Diesmal geht es in den einschlägigen Kapiteln um die neutestamentliche Theologie der Gnadenerfahrung. Gerahmt werden diese breit angelegten Ausführungen auch im zweiten Jesusbuch von Schillebeeckx durch einleitende Überlegungen, die hermeneutisch-methodischen Fragen gewidmet sind, und einen Abschlussteil, der die Linien in die Gegenwart auszieht, unter der Überschrift „Gottes Ehre und das wahre, gute und glückliche Menschsein". Keine Entsprechung in „Jesus. Die Geschichte von einem Lebenden" hat der „Epilog", der den zweiten Band des Jesus-Projekts von Schillebeeckx beendet. Der Autor räumt dabei ein, es habe anfangs in seiner Absicht gelegen, „zum Schluß noch die Pneumatologie und Ekklesiologie, das heißt die Lehre vom Geist Gottes, wie er in Kirche und Welt wirksam ist", darzustellen[39], was aber aus Gründen des Umfangs nicht möglich gewesen sei.

Stattdessen finden sich ein „homiletischer Prolog" sowie zwei von Schillebeeckx selbst formulierte liturgische Texte: ein Credo und ein Eucharistiegebet. Dazu kommt ein „Magnificat" nach einer Übersetzung des niederländischen Schrift-

0 Edward Schillebeeckx, Christus und die Christen. Die Geschichte einer neuen Lebenspraxis, Freiburg 1977 (im Folgenden „Christus"), 16.

39 Christus, 823.

stellers Michael van der Plas. In der theologisch-systematischen Landschaft der 70er Jahre des 20. Jahrhunderts ist das ein eher ungewöhnlicher Schluss für ein Buch dieses Kalibers. Zum liturgisch-offenen Schluss passt allerdings die Bemerkung von Schillebeeckx in der Einleitung von „Christus und die Christen", er neige dazu, auch diesen Band ein „Prolegomenon" zu nennen, nicht aus einem gewissen kritischen Skeptizismus, sondern aus seiner Überzeugung heraus, „daß jede lebensrelevante Christologie nur in der Art eines Pro-legomenon möglich ist: ein vorletztes Wort, ein Suchen nach dem richtigen ‚Legomenon' oder Wort, denn mir ist in unserer Geschichte Erlösung nur in persönlich und kollektiv erfahrenen Fragmenten bekannt, auf denen jedoch Jesu kritische und produktive Verheißung einer undefinierbaren definitiven Heilszukunft ruht."[40]

Im ersten Teil seines zweiten Jesusbuchs befasst sich Schillebeeckx mit dem Verhältnis von Offenbarung und Erfahrung, wobei er betont, das Element ‚Offenbarung' gebe sich in der Erfahrungsbegegnung mit der weltlichen Wirklichkeit zu erkennen, „in der Interpretation dieser Erfahrung als einem inneren Moment derselben und in der religiösen Glaubenssprache"[41]. Im Blick auf die Aussprechbarkeit der Offenbarungswirklichkeit kommt er auf die mystische Thematisierung des Unaussprechlichen und seinen ethischen Ausdruck zu sprechen: Beides hält er für unentbehrlich; aber das symbolisch-religiöse Sprechen von Gott verdanke seine Wirklichkeitsdichte der Vermittlung der ethischen Existenz – so Schil-

40 Ebd., 18.

41 Ebd., 47.

lebeeckx unter Berufung auf das Denken von Emmanuel Levinas. Sozusagen als Rechtfertigung seines eigenen Vorgehens in „Christus und die Christen" wendet er sich in der methodischen Hinführung schließlich gegen die seiner Überzeugung nach undialektische und schlechte Alternative, Theologie entweder von Schrift und Tradition oder aber von heutigen Erfahrungen zu beginnen.

Gnade und christliches Weltverhältnis

Demgegenüber macht er zum einen geltend, dass die Bindung des christlichen Glaubens an die vergangene Geschichte Jesu und des Christentums keineswegs unvereinbar sei mit einer theologischen Orientierung auf die Zukunft. Man dürfe Zukunft allerdings nicht einseitig Gegenwart und Vergangenheit gegenüberstellen. Zum anderen hält er fest: „Keine einzige Epoche, auch nicht die eines Ursprungs, darf man unhistorisch verabsolutieren und ihr eine einseitige Normativität andichten."[42] Die Idealisierung des Ursprungs verrate oft einen hermeneutischen Dualismus, nämlich von Kern oder Wesen und Einkleidung oder historischer Gestalt. Es brauche vielmehr eine ständige Pendelbewegung zwischen der biblischen Jesusinterpretation und der Interpretation unserer heutigen Erfahrungen. Schillebeeckx fasst seine hermeneutische Grundposition so zusammen: „Aktuelles Hören der christlichen Offenbarung wird (innerhalb der Vermittlung

42 Ebd., 66.

der lebendigen Verkündigung der Kirche) in heutigen interpretativen Erfahrungen vollzogen."[43]

Wer sich auf die Lektüre von „Christus und die Christen" einlässt, muss sich durch mehrere hundert Seiten zur neutestamentlichen Gnadentheologie kämpfen, die deren einzelne Stränge ausführlich und detailgenau darstellen. In der Einleitung zu diesem Teil seines Buchs formuliert Schillebeeckx programmatisch, seine Analyse solle zeigen, „wie alle Autoren eine gleiche Grunderfahrung – von entscheidendem und definitivem Heil-von-Gott-her in Jesus – je nach ihrem eigenen Erfahrungs- und Verständnishorizont sowie aufgrund von Schwierigkeiten und Problemen, die sich in den christlichen Gemeinden ergaben, an die sie ihre Briefe oder ihr Evangelium (Johannes) richten, gleichsam einfärben; anders gesagt: wie sie interpretierend erfahren."[44] Dieses Programm führt er zunächst an den Paulusbriefen durch, sowohl an den höchstwahrscheinlich vom Apostel selbst verfassten wie an den ihm zugeschriebenen. In Bezug auf den Kolosser- und Epheserbrief kommt er zu der Einschätzung, sie seien „Modell für jede theologische ‚Neu'-interpretation des apostolischen Glaubens, mithin für die Verpflanzung des Christentums in eine andere Kultur."[45]

Schillebeeckx bricht deshalb auch eine Lanze für den Hebräerbrief, der für viele Gläubige zu Unrecht ein unbekannter Text sei. Er sieht in dem Brief ein inspirierendes Beispiel für seine Grundthese zum Verhältnis von Erfahrung und Inter-

43 Ebd., 69.

44 Ebd., 103.

45 Ebd., 170.

pretation und liefert dementsprechend eine ausführliche Darstellung seiner Theologie. Der Autor des Hebräerbriefs erfahre Jesus als Hohenpriester: „Es ist eine Erfahrung und doch eine Interpretation zugleich, und zwar so, daß immer wieder begreiflich wird, daß andere neutestamentliche Autoren Jesus anders erfahren und interpretieren, obwohl jeder merkt, daß es um denselben Jesus geht.“[46] Das sei theologisch gesehen befreiend, im Blick auf Interpretationen Jesu im heutigen Kontext bei gleichzeitiger Treue zur apostolischen Überlieferung. Fast schon eine eigenständige exegetisch-theologische Monographie liefert Schillebeeckx dann mit seinen Ausführungen zur johanneischen Theologie, wobei er den Johanneismus als eine „besondere Form des urchristlichen Bekennens, verschieden vom Paulinismus und von den Synoptikern“[47] bewertet. Er liefert genaue Analysen zum Johannesprolog wie zur spezifischen Sicht von Person, Botschaft und Werk Jesu im Johannesevangelium, die er in eine allgemeine These münden lässt: Die Alternative einer Christologie ‚von unten‘ oder ‚von oben‘ sei ein „modernes, unechtes Dilemma“, der Grund dafür, warum er weder im ersten noch im zweiten Jesusbuch diese Terminologie habe übernehmen wollen. Schließlich beschäftigt sich Schillebeeckx in seinem zentralen neutestamentlichen Kapitel auch mit der Johannesapokalypse und urteilt, sie sei in ihrer damals zeitgemäßen, geschichtlich bedingten Art eine „Inspiration und Orientierung für heutige Christen – wenn man darauf verzichtet, das, was eine für uns zeitgemäße Aktualisierung ist, in das

46 Ebd., 281.

47 Ebd., 336.

Buch der Offenbarungen zurückzuprojizieren."[48] Die Apokalypse sei auch für uns nicht nur ein Evangelium der Hoffnung, sondern zugleich – in der Situation unserer Zeit – eine wirkliche Basis für eine christliche Befreiungstheologie.

Es ist charakteristisch für den Ansatz von Schillebeeckx, dass er dem langen Abschnitt über die einzelnen neutestamentlichen Schriften und ihre jeweilige Variante der Erfahrung von Gnade einen Teil über Strukturelemente dieser Erfahrung folgen lässt, „die uns heute noch als Christen in der Formulierung unserer Erfahrung von entscheidendem Heil in Jesus orientieren."[49] Er setzt dabei beim Gnadenbegriff an: Das Neue Testament nenne die grundlegende Gnade eine Adoption oder eine Geburt aus Gott und bezeichne das als Erlösung und Befreiung. Es werden dann sechzehn Schlüsselbegriffe namhaft gemacht, die im Neuen Testament diese grundlegende Gnade in ihren verschiedenen Dimensionen ausdrücken, etwa Erlösung als Sühne von Sünden durch ein Sühneopfer, Erlösung zur Gemeinschaft, Befreiung zu brüderlicher Liebe, Erneuerung von Mensch und Welt oder auch der Sieg über menschenentfremdende dämonische Mächte. Zusammenfassend hält Schillebeeckx fest, es bleibe im neutestamentlichen Christentum nicht bei Allgemeinheiten und Verschwommenheiten: „Das Neue Testament ergänzt die christliche Erfahrung von Erlösung, Heil und Befreiung konkret, indem es definiert, wovon Christen sich erlöst erfahren und wozu sie sich befreit wissen."[50]

48 Ebd., 446.
49 Ebd., 447.
50 Ebd., 496.

Eine weitere Überlegung in diesem Kontext gilt dem Zusammenhang von Gnade und christlichem Weltverhältnis nach dem Verständnis des Neuen Testaments. Dafür stellt Schillebeeckx Lebensempfinden und Lebenstheorien der Spätantike dar und entfaltet die neutestamentliche Spiritualität als kritische Variante des spätantiken Lebensgefühls: „Das Neue Testament prägt uns unverkennbar ein, daß der Exoduscharakter ein Wesensmerkmal der jüdisch-christlichen Gemeinde ist.“[51] Welche Gestalt dieser Exodus annehmen müsse, müsse immer wieder in geschichtlicher Vermittlung in christlicher Freiheit entschieden werden. In dieser Perspektive thematisiert der einschlägige Teil von „Christus und die Christen“ auch das Verhältnis von Gnadenleben und politischer Macht im Neuen Testament und beschäftigt sich insgesamt mit der Frage der Beziehung von Gnade und Ethik, von Reich Gottes und seinen ethischen Konsequenzen. Quintessenz von Schillebeeckx zu diesem Punkt: Nicht die in der Bibel konkret gegebenen Antworten auf ethische Fragen seien per se normierend, sondern die Tatsache, dass „das Neue Testament die Ethik nicht von der Religion trennen will … Aber es ist deutlich, daß viele ethische Richtlinien in der christlichen Bibel auf bestimmte anthropologische Voraussetzungen, auf sozialgeschichtliche Situationen usw. zurückgehen.“[52]

Vor den gegenwartsbezogenen Schlussteil seines zweiten Jesusbuchs („Gottes Ehre und das wahre, gute und glückliche Menschsein“) stellt Schillebeeckx eine kompakte Zusammen-

51 Ebd., 542.

52 Ebd., 571.

fassung der dem Neuen Testament zu entnehmenden Perspektiven, die „Christen in einer zeitgemäßen Aktualisierung, in der ein Echo des Evangeliums Jesu Christi vernommen werden kann, berücksichtigen müssen, wenn sie dieses Evangelium unverkürzt und doch zeitgemäß in Wort und Tat lebendig halten wollen."[53] Es geht um Gott und seine Geschichte mit den Menschen; diese Geschichte wird in Person und Leben Jesu erfahrbar; von der Geschichte Jesu lässt sich nur in Begriffen der Geschichte der christlichen Gemeinde sprechen, die Jesus nachfolgt; die Geschichte Gottes mit den Menschen in Jesus kann „in den engen Grenzen unserer weltweiten Menschengeschichte von niemandem vollendet oder bis zu Ende erzählt werden."[54] Schillebeeckx unternimmt zum Abschluss von „Christus und die Christen" den Versuch, der mit dem Neuen Testament maßgeblich begonnenen, von ihm als solche sorgfältig analysierten christlichen Erfahrungs- und gleichzeitig Interpretationsgeschichte unter geänderten geschichtlichen Umständen ein neues Kapitel hinzuzufügen, geleitet von der Frage: „In welchen neuen Erfahrungen vernehmen Christen heute ein Echo ihrer eschatologischen Erinnerung an Jesus Christus, und in welchen neuen Erfahrungen und Aufforderungen sehen sie eher eine Verzeichnung, Verblendung und Verkümmerung oder sogar Verfremdung ihrer christlichen Identität?"[55]

53 Ebd., 618.

54 Ebd., 622.

55 Ebd., 633.

Rechenschaft über Wege und Umwege

Seine diesbezüglichen Überlegungen kreisen um die Begriffe Heil und Befreiung, auf dem Hintergrund von Geschichte als Leidensgeschichte und im Kontext dessen, was einerseits die verschiedenen Religionen, sei es der Buddhismus oder der Islam, andererseits das moderne Denken seit der Aufklärung, nicht zuletzt der Marxismus, zum Thema Leid und Leidüberwindung zu sagen haben. In diesem Zusammenhang setzt er sich auch mit neueren theologischen Ansätzen auseinander, etwa mit dem von Johann Baptist Metz oder dem der seinerzeit noch jungen lateinamerikanischen Befreiungstheologie. Als positiven Ertrag seiner Durchmusterung des entsprechenden Materials hält Schillebeeckx fest, christliche Identität habe mit menschlicher Identität oder menschlichem Heilsein zu tun, und wendet diesen Grundsatz auf das Thema Befreiung an: „Ohne spezifisch christlich zu sein, kann der emanzipative Befreiungsprozeß doch wesentlich sein für das Christentum, das heißt eine konkret historisch notwendige Gestalt der christlichen Liebe, ihres Glaubens und ihrer Hoffnung."[56] Zwar sähen der Gläubige und der Christ die prinzipiellen Grenzen jeder Selbstbefreiung, aber dadurch werde die christliche Legitimität des emanzipativen Befreiungsprozesses nicht geleugnet.

Schillebeeckx nimmt sich an dieser Stelle auch ausdrücklich des Verhältnisses von christlichem Glauben und Politik an, inklusive der Frage nach der Berechtigung konfessioneller Parteien (dabei betont er, man dürfe in politischen Fragen

56 Ebd., 750.

den Glauben nicht zu viel, aber auch nicht zu wenig sagen lassen) und kommt schließlich auf das christliche Heil als eschatologische und endgültige, wenn auch undefinierbare Wirklichkeit zu sprechen. Dabei expliziert er die verschiedenen Grunddimensionen von christlichem, also auf die Geschichte Jesu, seines Lebens und Sterbens und seiner Auferstehung bezogenem Heil, so das Ineinander von mystischer und politischer Praxis oder die Frage nach dem Heil unter den Bedingungen der Endlichkeit. Resümierend formuliert Schillebeeckx dazu: „Glaube an Heil von Gott her in Jesus Christus ist die frei auf sich genommene (wenn auch über vermittelnde christliche Kirchen, so doch aus dem realen Leben gewachsene) bekennende Überzeugung – in den Bedingungen unserer Vergänglichkeit – unserer ‚Erhöhung' über dieses Endliche dank der absoluten Ungeschuldetheit oder Freigebigkeit in der barmherzigen und solidarischen Anwesenheit Gottes, die wir gläubig in unserer undurchsichtigen Endlichkeit erfahren dürfen, in der wir ‚leibhaftig' eher seine Abwesenheit erleben."[57] Darauf folgt dann der schon erwähnte „homiletische Prolog", mit dem Schillebeeckx die Kerngedanken beider Jesusbücher wiedergeben möchte.

„Es ist schon oft bemerkt worden, daß es erst beim Abschluß einer Untersuchung, nämlich aus einem gewissen Abstand, möglich ist, Rechenschaft abzulegen von den Wegen und Umwegen, die sich für das Denken beim Gang der Untersuchung als notwendig erwiesen haben."[58] Mit dieser Fest-

57 Ebd., 822.

58 Edward Schillebeeckx, Die Auferstehung Jesu als Grund der Erlösung. Zwischenbericht über die Prolegomena zu einer Christologie, Freiburg 1978 (im Folgenden „Auferstehung"), 5.

stellung leitete Schillebeeckx ein Buch ein, in dem er die Voraussetzungen, Verstehensprinzipien und die Interpretationsmethode von „Jesus. Die Geschichte von einem Lebenden" und „Christus und die Christen" erklären wollte, auch als Reaktion auf kritische Stellungnahmen zu seinen ungewöhnlichen Jesusbüchern. Es trägt denn auch im niederländischen Original den Titel: „Zwischenbericht über zwei Jesusbücher" (die deutsche Übersetzung wählt den eher irreführenden Haupttitel: „Die Auferstehung Jesu als Grund der Erlösung"). Das Buch erschien schon ein Jahr nach der Veröffentlichung von „Christus und die Christen".

Ein solches Vorgehen des Autors war angesichts der literarisch-theologischen Eigenart seiner beiden umfangreichen Jesusbücher durchaus nachvollziehbar. Die Bände passen schließlich in kein Schema und waren auch angesichts der früheren Veröffentlichungen von Edward Schillebeeckx so nicht unbedingt zu erwarten gewesen. Zum einen mussten Bücher eines Systematikers, die sich so intensiv und so breit auf exegetische Fragen einlassen, natürlich entsprechende Rückfragen von bibelwissenschaftlicher Seite hervorrufen. Zum anderen boten auch der hermeneutisch-methodische Ansatz und die Begrifflichkeit, die den beiden Jesusbüchern zugrunde liegen und ihr spezifisches Profil maßgeblich bestimmen, Anlass zu Kritik und zu Irritationen in der theologischen Zunft. Die Einwände, mit denen sich Schillebeeckx in seinem „Zwischenbericht" auseinandersetzt, betreffen deshalb auch beide Bereiche, also sowohl grundsätzliche exegetische Fragen (die Gewichtung der Traditionen der Logienquelle, die ursprüngliche Identifizierung Jesu als eschatologischer Prophet, den Stellenwert der auf Kreuz und Auferstehung konzentrierten Paschachristologie) als auch solche der Methodik, vor allem den Zusammenhang von Offenbarung, Erfahrung und Interpretation. Als dritten Punkt greift er kritische Einwände zum Verständnis von Heil und Befreiung auf, wie es im Schlussteil von „Christus und die Christen" entfaltet wird, und beantwortet sie mit Überlegungen zu Grunddimensionen des christlichen Schöpfungsglaubens (von „Schöpfung als Akt des Vertrauens Gottes in den Menschen" bis zu „eschatologischer Überschuss"). Letztlich wird aus den Klärungsversuchen im „Zwischenbericht" nochmals sehr deutlich, welche Herausforderungen die Jesusbücher von Schillebeeckx für Glaube, Theologie und Kirche beinhalten – sie sind deshalb auch 40 Jahre nach ihrer Veröffentlichung jedenfalls in ihrem Grundansatz durchaus noch aktuell.

Ein theologisches Projekt mit offenem Ende

In seinem „Zwischenbericht" expliziert Schillebeeckx nicht zuletzt den Ausgangspunkt für seine beiden Jesusbücher in der gegenwärtigen Situation für eine Verkündigung des christlichen Glaubens. Wenn die Kirchen ihre alte christliche Erfahrungstradition in einem für heutige Menschen fremden Begriffssystem darstellen würden, sei den meisten Menschen von vornherein schon die Lust genommen, nach diesem Suchprojekt als möglicher Deutung ihrer Erfahrungen zu greifen: „Wer Gott ist, wie er erfahren werden will, hat nach der christlichen Glaubenstradition Gott selbst in einer besonderen Geschichte gezeigt, in einem Geschehen, das seinen

Grund in Jesus und seiner Vorgeschichte hat."[59] Diese Geschichte, so Schillebeeckx, müsse so klar wie möglich erzählt werden, damit Menschen mit ihren Erfahrungen eine christliche Erfahrung machen können wollten. Als Hintergrund für seine Darstellung der Geschichte Jesu und ihrer Deutung durch die frühen christlichen Gemeinden in den beiden Jesusbüchern macht er zum einen den Zusammenhang von Offenbarung und Erfahrung namhaft. Offenbarung übersteige wesensgemäß jede menschliche Erfahrung, aber sie könne sich nur durch menschliche Erfahrungen und in ihnen wahrnehmen lassen. Als zweiten Angelpunkt nennt er das Verhältnis zwischen dem Element der Erfahrung und dem der Interpretation: „Die Offenbarung, als das Unaussprechliche, nämlich das, was den Glauben begründet und ihnen zu denken gibt, trägt und umfasst daher nicht nur die Glaubenserfahrung, sondern auch ihre Interpretation, und diese gerade in unterschiedlichen Modellen oder Theorien. Auch die Christologien des Neuen Testaments sind dafür ein deutlicher Beweis."[60]

In diesem Zusammenhang thematisiert Schillebeeckx dann die Struktur der neutestamentlichen Benennung Jesu und spricht vom unechten Dilemma einer Gegenüberstellung von funktionaler Christologie und Wesenschristologie. Er setzt sich auch ausdrücklich mit Notwendigkeit und Grenzen der historischen Jesusforschung auseinander: Das historisch rekonstruierte Bild Jesu werde zwar nicht Norm und Kriterium des christlichen Glaubens. Aber eine historisch-kritische

59 Auferstehung, 17.

60 Ebd., 28.

Forschung könne verdeutlichen, „wie der konkrete Inhalt des urchristlichen Glaubens durch den Jesus der Geschichte ‚gefüllt‘ war.“[61] Eine historische Rekonstruktion kann Schillebeeckx zufolge eine Handreichung dazu sein, mit den ersten Jüngern ihrem Weg von der Taufe Jesu im Jordan bis über seinen Tod hinaus zu folgen – sozusagen das Grundprogramm von „Jesus. Die Geschichte von einem Lebenden“.

Der dritte Angelpunkt, von dem der „Zwischenbericht“ im Rückblick auf die beiden Jesusbücher spricht, ist die (kritische) Korrelation zwischen der christlichen Erfahrungstradition und heutigen Erfahrungen. Schillebeeckx fasst seine diesbezügliche Position sozusagen in einem allgemeinen Merksatz zusammen: „Zeitgenössische neue Erfahrungen haben eine hermeneutische, das heißt eine Verstehen fördernde Bedeutung für den eigenen christlichen Erfahrungs- und Erkenntnisinhalt, wie umgekehrt die spezifisch-christlichen Erfahrungen und deren Auslegungen, wie sie in der Schrift und in der langen christlichen Erfahrungstradition zum Ausdruck gekommen sind, eine eigene ursprüngliche Kraft haben, kritisch und produktiv unsere allgemeinmenschlichen Erfahrungen in der Welt zu erschließen.“[62]

Es entspricht dem methodisch-inhaltlichen Gefälle, das beide Jesusbücher aufweisen, dass auch der „Zwischenbericht“ in einen kurzen Epilog mündet, der auf Grenzen des theologischen Nachdenkens und Formulierens im Blick auf Jesus von Nazaret verweist. Schillebeeckx konstatiert, der Mensch Jesus habe bei der Bestimmung dessen, was er

61 Ebd., 44.

62 Ebd., 67.

sei, tatsächlich mit dem Wesen Gottes zu tun. Dem folgen aber gleich die Sätze: „Ob und wie wir das theoretisch noch genauer bestimmen können, danach bin ich noch auf der Suche. Ich schrecke davor zurück, das Geheimnis einer Person, vor allem der Person Jesu, sozusagen bis auf die Knochen umreißen zu wollen. Wenn Menschen noch mehr zu sagen haben, als sie rational zum Ausdruck bringen können, beginnen sie, Geschichten und Parabeln zu erzählen."[63] Das ganze theologische „Projekt Jesus" hat bei Schillebeeckx also sozusagen ein offenes Ende; nicht umsonst kennzeichnet er beide Jesusbücher trotz ihres beträchtlichen Umfangs als Prolegomena. Er wolle durch die Bücher „Gläubige zu einer Christologie hinführen", heißt es im „Zwischenbericht" an anderer Stelle.[64] Das ist eben nicht so gemeint, dass es eine geschichtsenthobene spekulative Lehre über Jesus Christus gäbe, zu der man als Theologe Gläubige mit den richtigen Methoden hinführen könne. Nicht umsonst versteht Schillebeeckx das christologische Dogma, für das die Namen Nizäa und Chalkedon stehen, als „passenden, aber spätantik begrifflichen Ausdruck"[65] des Geheimnisses der Person Jesu, in der die Offenbarung des Göttlichen und die Erschließung des wahren, guten und wahrhaft glücklichen Menschseins zusammenfallen. Vielmehr möchte er gerade durch seine detaillierte historische Rekonstruktion der ersten Erfahrungen von Menschen mit Jesus und ihrer gläubigen Interpretation dieser Erfahrungen einen Raum öffnen, in dem Gläubige

63 Ebd., 148.

64 Ebd., 114.

65 Ebd., 149.

der Gegenwart wiederum ihre Erfahrungen mit dieser einzigartigen Gestalt und ihrer Wirkungsgeschichte machen und dann auch in ihrer Sprache und mit ihrer Begrifflichkeit formulieren können.

4c. Das Spätwerk

„Zum Abschied will ich Ihnen einfach erzählen, wie ich selber Theologie treibe“[1] – so begann Edward Schillebeeckx am 11. Februar 1983 seine Abschiedsvorlesung an der Universität Nimwegen. Er konnte dabei auf vierzig Jahre in der theologischen Lehre zurückblicken, die sich in zahlreichen Veröffentlichungen – Büchern, Aufsätzen, Interviews, Lexikonartikeln und Rezensionen – niedergeschlagen hatten. Vor allem sein Jesusbuch von 1974 hatte auch über Fachkreise hinaus beträchtliche Aufmerksamkeit gefunden und hatte Impulse für die theologische Grundsatzdiskussion über christologische Fragen gegeben. Der Dominikaner und Nimwegener Hochschullehrer Schillebeeckx war längst so etwas wie ein Aushängeschild für die ansonsten in Kirche und Öffentlichkeit nicht gerade auffällige katholische Theologie im niederländischen Sprachraum geworden.

In der Zeit nach den beiden großen Jesusbüchern galten die größeren theologischen Veröffentlichungen von Schillebeeckx zum einen grundlegenden Fragen der Rede von Gott und von Jesus Christus in Gesellschaft, Politik und Kultur der Gegenwart. Ihnen war nicht zuletzt sein letztes größeres Werk, „Menschen. Die Geschichte von Gott“ gewidmet. Ein weiterer Schwerpunkt war die Kirchen-, insbesondere die

1 Edward Schillebeeckx: Theologisch Geloofsverstaan Anno 1983, Baarn 1983, 3.

Amtsproblematik, der er sich vor allem in zwei Büchern annahm. Schon der Titel seiner Abschiedsvorlesung macht deutlich, dass es Schillebeeckx darin um Klärungen im erstgenannten Bereich ging. Sie war nämlich mit „Theologisches Glaubensverstehen Anno 1983“ überschrieben und machte drei Grundprobleme einer „hermeneutischen oder aktualisierenden Theologie, die der kanonischen Glaubenssubstanz des Evangeliums von Jesus von Nazareth, der als der Christus und Sohn Gottes bekannt wird, treu sein möchte“[2], in knapper Form namhaft: Theologie als notwendige Vermittlung zwischen den zwei Polen Tradition und Situation, als „hermeneutischer Prozess der Aktualisierung einer vorgegebenen Glaubenssubstanz in Tora und Evangelium“[3]; Theologie als auch ideologiekritisches oder entideologisierendes Unternehmen; das dialektische Verhältnis zwischen theologischer Theorie und Praxis. Den weitaus größten Raum nimmt in der Vorlesung allerdings der erste dieser Punkte ein; er war Schillebeeckx bei seinem Rückblick auf das eigene Theologietreiben offenbar besonders wichtig.

Er spricht von einem dialektischen Verhältnis zwischen Tradition und Situation, von einer „permanenten Dialektik zwischen der Universalität des Evangeliums, wodurch dieses jede Kultur kritisch herausfordert und übersteigt, und seiner konkreten Ausprägung in einer spezifischen Kultur“[4]. Schillebeeckx wendet sich gegen die Vorstellung einer bloßen Anpassung der sozusagen „reinen“ christlichen Glaubensbotschaft

2 Ebd., 4.

3 Ebd.

4 Ebd., 9.

an die Kultur der Gegenwart und hält dagegen, in die christliche Glaubenstradition sei schon die damalige Situation einbezogen und in der heutigen Situation sei Gott genauso kreativ anwesend wie früher. Er versucht so die Mitte zwischen zwei extremen Positionen zu halten, einem Offenbarungs- oder besser gesagt Traditionspositivismus einerseits und einer Verabsolutierung der Moderne als Norm für das Glaubensverständnis. Stattdessen plädiert er in seiner Abschiedsvorlesung für ein Theologietreiben, das sich in zwei in einer dialektischen Beziehung verbundenen Phasen vollziehen müsse: Jedes theologische Urteil müsse sich durch den Bezug auf die christliche Glaubenstradition rechtfertigen lassen. Genauso notwendig sei die Verantwortung durch den Bezug auf die analysierte und interpretierte Gegenwartssituation. „Wir verstehen ja die christliche Tradition erst von den Fragen her, die uns durch die heutige Situation, in der wir leben, gestellt werden … Und gleichzeitig steht unser Verstehen der Gegenwart selbst unter dem Einfluss der christlichen Tradition.“[5]

Auf diesem Hintergrund skizziert Schillebeeckx ein Modell der Entwicklung des Glaubensverstehens in wechselnden kulturellen Zeichen- und Interpretationssystemen. Die Kontinuität besteht nicht auf der Ebene von begrifflichen Entsprechungen, sondern durch die Entsprechung zwischen den Auslegungen der einen Botschaft im jeweiligen kulturellen Rahmen. Daraus folgt: „Wir schauen der christlichen Sinnidentität also niemals direkt ins Gesicht; sie ist außerdem nie im Voraus festzulegen.“[6] In ihren unterschiedlichen Interpreta-

5 Ebd., 13.
6 Ebd., 15.

tionen der einen Glaubenssubstanz widersprächen sich die verschiedenen historisch-kulturellen Vermittlungen zwar nicht, sie ließen sich aber ebenso wenig auf einer Ebene harmonisieren. Schillebeeckx betont in diesem Zusammenhang, kulturelle Umbrüche seien für die Kirche immer Zeiten von Prüfungen, Krisen und Unsicherheiten: „Das gehört zum Wesen des christlichen Glaubens in seiner geschichtlichen Erscheinungsform."[7] In der Gegenwart brauche es eine kreative Erinnerung an die jüdische und christliche Offenbarungs-, Erfahrungs- und Interpretationsgeschichte, die zu einer produktiven, neuen Lesart, Interpretation und Praxis hier und jetzt führe: „Interpretation schafft neue Tradition, in kreativer Treue."[8]

Die Abschiedsvorlesung mündet in Überlegungen zum notwendigen Praxisbezug theologischer Rationalität. Für die Theologie komme nur eine theoretische Vernunft in Frage, die von sich selber her Vernunft überschreitende Dimensionen aufweise und die durch die Erinnerung an unterdrückende Leidensgeschichten der Menschheit dazu stimuliert werde, praktisch, also befreiend zu werden: „Als theologische Vernunft ist diese Vernunft auf der gläubigen Erinnerung an die christliche Erfahrungstradition begründet."[9] Schillebeeckx erinnert in diesem Zusammenhang an das ideologiekritische Potential der christlichen Tradition und verweist auf den Widerstand des Mose gegen das Goldene Kalb, an die Prophetie und an Jesu Verkündigung des Gottesreiches. Eine bekennende Aktualisierung der Tradition des christlichen

7 Ebd., 16.
8 Ebd.
9 Ebd., 20.

Glaubens auf der Grundlage der christlichen Glaubenstradition als einer Sinn und Wahrheit entschließenden religiösen Tradition mit ideologiekritischer und befreiender Kraft könne in der heutigen Situation nur vollzogen werden „mit einer praktisch-kritischen, befreienden Absicht, die wesentlich auch ideologiekritisch ist“[10].

Mystik, Ethik, Politik

Zwischen dem 27. und dem 30. Mai 1986 hielt Edward Schillebeeckx dann die „Kuyper-Vorlesungen“ an der „Freien Universität“ („Vrije Universiteit“) Amsterdam. Das Epitheton „frei“ bezieht sich auf die Geschichte dieser Hochschule, die 1879 als konfessionelle, in diesem Fall reformiert-protestantische Universität ohne staatliche Trägerschaft von Privatpersonen gegründet wurde (seit 1968 wird die „Freie Universität“ ganz vom Staat finanziert). Gründervater der „Freien Universität“ war der reformierte Theologe Abraham Kuyper (1837–1920), eine der prägenden Gestalten für die kirchlich-politische Landschaft der Niederlande im späten 19. Jahrhundert.[11] Die Vorlesungen von Schillebeeckx wurden im gleichen Jahr veröffentlicht und tragen im niederländischen Original den Untertitel „Jesus in unserer westlichen Kultur“[12], während man sich bei der deutschen Übersetzung für

10 Ebd., 21.

11 Vgl. Jasper Vree: Art. Kuyper, Abraham, in: Religion in Geschichte und Gegenwart, 4. Auflage, Band 4, I–K, Sp. 1912–1913.

12 Edward Schillebeeckx: Als politiek niet alles is ... Jezus in de westerse cultuur, Baarn 1986.

den Untertitel „Von Gott reden in einer gefährdeten Welt" entschied.[13] Sowohl diese beiden Formulierungen wie der auf Niederländisch wie auf Deutsch identische Haupttitel markieren das thematische Spektrum der Vorlesungen, die in verdichteter Form die Positionen von Schillebeeckx im Blick auf die Gottes- und Jesusfrage wiedergeben und die Linien darüber hinaus ausdrücklich in den Bereich der politischen Ethik ausziehen. Er kommt dabei zu dem Schluss: „Negative und tiefreichende Kontrasterfahrungen nötigen uns zu einer neuen, diesmal nicht fundamentalistischen Eindeutigkeit und Einigkeit anstelle des früheren liberalen Pluralismus vieler moderner Theologen, Glaubensauffassungen und Formen kirchlichen Handelns."[14]

Die erste Vorlesung befasst sich mit dem Verständnis von Heilsgeschichte, mit der Grundaussage, religiöser Sinn eines Geschehens in der Welt setze menschlichen Sinn voraus: „Heilsgeschichte ist ein Geschehen, in dem Menschen befreit werden."[15] So werde ohne das Substrat an menschlichem Sinn im Jesusgeschehen jeder religiöse Sinn dieses Geschehens unglaubwürdig. In der folgenden Vorlesung fasst dann Schillebeeckx seine historische Rekonstruktion des Weges Jesu in „Jesus. Die Geschichte von einem Lebenden" zusammen („Der Lebensweg Jesu, der als Christus bekannt wird") und betont in diesem Sinn, Tod und Auferstehung Jesu als Kern der christlichen Botschaft herauszulösen, bedeute letztlich, den prophetischen Gehalt des ganzen Auftretens Jesu

13 Edward Schillebeeckx: Weil Politik nicht alles ist. Von Gott reden in einer gefährdeten Welt, Freiburg 1987.

14 Ebd., 116.

15 Ebd., 22.

mit Schweigen zu übergehen. Der nächste Schritt gilt dann der Beziehung zwischen Jesus und der Kirche, wobei Schillebeeckx gleich zu Anfang betont, man solle nicht so viel direkt über die Kirche sagen. Er hält ausdrücklich fest: „Es gibt für Christen keinen Jesus ohne das kirchliche Bekenntnis, so wie es kein kirchliches Bekenntnis gibt ohne das menschenbefreiende Auftreten des historischen Jesus von Nazaret."[16] Dass kirchliche Vermittlung bei der Aktualisierung des christlichen Glaubens unerlässlich sei, bedeute allerdings keinesfalls ein Plädoyer für Ekklesiozentrismus oder für eine exklusive Herausstellung des Lehramts in der Kirche.

Den zweiten Schwerpunkt der „Kuyper-Vorlesungen" bilden Überlegungen zum Verhältnis von Mystik, Ethik und Politik, wobei Schillebeeckx die Ethik als „Scharnier und Bindeglied zwischen der mystischen und politischen Dimension des christlichen Glaubens"[17] bestimmt. Er fragt in diesem Zusammenhang nach dem „Mehrwert" einer im Gottesglauben verankerten Ethik gegenüber einer Ethik, die diese Stelle im Sinn eines säkularen Humanismus sozusagen unbesetzt lässt. Der an Gott Glaubende betrachte den Glauben an den Triumph des Gerechten und Guten über alles Unrecht als eine Erfahrung des Meta-Humanen, „vor allem der absoluten Präsenz von Gottes reiner Positivität inmitten des geschichtlichen Ineinanders von Sinn und Unsinn, das ‚Mensch' und Geschichte heißt".[18] Im Blick auf die mystische und politische Dimension des Glaubens kommt Schillebeeckx zu dem

16 Ebd., 55.

17 Ebd., 69.

18 Ebd., 87.

Schluss, ohne Gebet und Mystik werde Politik schnell unerbittlich und barbarisch; ohne politische Liebe wiederum würden Gebet und Mystik schnell sentimental oder zur unverbindlichen Innerlichkeit.

Das letzte Kapitel der Vorlesungen mit der Überschrift „Politische Dimension des Glaubens und amtliches Sprechen der Kirchen" nimmt direkt Bezug auf ein damals in den Niederlanden viel diskutiertes, 1985 erschienenes Buch des prominenten reformierten Theologen Harminus Martinus Kuitert (1924–2017): „Alles is politiek, maar politiek is niet alles. Een theologisch perspektief op geloof en politiek" („Alles ist Politik, aber Politik ist nicht alles. Eine theologische Perspektive auf Glaube und Politik"). Kuitert lehrte von 1967 bis 1989 Ethik und Einleitung in die Dogmatik an der „Freien Universität" Amsterdam und setzte sich in viel beachteten Büchern mit Herausforderungen für den christlichen Glauben in der Welt der Moderne auseinander, so etwa in „Zonder geloof vaart niemand wel" (1974), „Het algemeen betwijfeld christelijk geloof" (1992) oder „Over religie. Aan de liefhebbers onder haar beoefenaars" (2000). Sein Buch über Glaube und Politik war Anlass für ein Fernsehgespräch zwischen ihm und dem zehn Jahre älteren Edward Schillebeeckx am 24. April 1986, also unmittelbar vor den „Kuyper-Vorlesungen" von Schillebeeckx. Das Gespräch erschien noch im gleichen Jahr in Buchform.[19]

19 H. M. Kuitert – E. Schillebeeckx: Gesprek tussen twee vuuren over theologie, geloof, politiek en kerk, Baarn 1986.

Eine „trans-konfessionelle" Theologie

Das Gespräch der beiden profilierten niederländischen Theologen aus den beiden das Land seit der Reformation in unterschiedlichem Maß prägenden konfessionellen Traditionen schlug einen weiten Bogen von der Frage nach Gott und seiner Offenbarung in Jesus Christus sowie dem jeweiligen Verständnis von Kirche bis zu den Niederungen des niederländischen Parteienwesens. In Bezug auf die einzelnen Punkte begegnen Aussagen, die für die Entwicklung des Denkens von Edward Schillebeeckx charakteristisch sind. So betont er seine im Lauf der Jahre größer gewordene Sympathie für die „negative Theologie" als Teil der christlichen Tradition: „Das bedeutet, dass alle unsere Begriffe, unsere Gottesbilder ständig zerschlagen werden müssen."[20] An anderer Stelle markiert er eine Veränderung seiner Position im Blick auf die nichtchristlichen Religionen. Früher habe er die Vielzahl der Religionen als Defizit betrachtet: Jetzt werde ihm langsam deutlich, „dass es sich prinzipiell so verhält, dass der Reichtum Gottes nicht in einer religiösen Tradition vollständig zum Ausdruck kommen kann."[21] Wie dann auch in den „Kuyper-Vorlesungen" erkennt Schillebeeckx im Unterschied zu seinem Gesprächspartner Kuitert den Kirchen das Recht zu, sich nicht nur in Notsituationen zu politisch-sozialen Fragen äußern zu dürfen: „Ich bin davon überzeugt, dass die Kirche, die Kirchen keine Transmissionsriemen der Politik sind, aber gerade als religiöses Subjekt die politische Relevanz

20 Ebd., 12.
21 Ebd., 14.

des Evangeliums in sehr konkreten Sektoren und Problemen erkennen lassen können."[22] Er muss sich allerdings auch den Einwand von Kuitert gefallen lassen, seine Konzeption des politischen Mandats von Kirche sei gemessen an der Wirklichkeit von Politik zu optimistisch und zu harmlos.

Ökumenische Fragen im engeren Sinn standen bei Schillebeeckx nie im Vordergrund des theologischen Interesses, anders etwa als bei seinem um den katholischen Ökumenismus hoch verdienten französischen Ordensbruder Yves Congar mit seinem schon 1937 veröffentlichten ökumenischen Grundlagenwerk „Chrétiens désunis" oder auch bei Karl Rahner, der am Ende seines Lebens ein ausgearbeitetes ökumenisches Manifest (zusammen mit Heinrich Fries) aus katholischer Sicht veröffentlichte.[23] Das Thema Ökumene war bei Schillebeeckx eher indirekt und am Rande präsent: In seinem 1982 veröffentlichten Gespräch mit Huub Oosterhuis und Piet Hoogeveen ging es unter anderem um die unterschiedlichen Sichtweisen katholischer und reformatorischer Theologie, unter Bezugnahme auf niederländische reformierte Theologen wie Kuitert und Hendrikus Berkhof oder auch auf Karl Barth. Im einschlägigen Kapitel des Gesprächsbands erwähnt er, reformierte Theologen würden seine Theologie als „trans-konfessionell" charakterisieren; sie hätten erkannt, dass er besonders in seinen beiden Jesusbüchern nicht von einem katholisch-konfessionellen Standpunkt aus nachdenke, sondern von der großen christlichen Tradition vor allem des Alten und Neuen Testa-

22 Ebd., 56.

23 Vgl. Karl Rahner – Heinrich Fries: Einigung der Kirchen- reale Möglichkeit, Freiburg 1983; jetzt auch in Karl Rahner: Sämtliche Werke, Band 27. Einheit in Vielfalt. Schriften zur ökumenische Theologie, Freiburg 2002.

ments ausgehe. Schillebeeckx wendet sich allerdings gegen ein Verständnis von Trans-Konfessionalität als einer Position über allen Konfessionen und außerhalb von ihnen; das sei eine reine Abstraktion und für keinen im Ernst christlichen Theologen möglich. Seine eigene Sichtweise beschreibt Schillebeeckx als „ökumenisch" in dem Sinn, „dass man vor allem auf die große christliche Tradition blickt, die in allen christlichen Kirchen zu finden ist, die ‚Catholica', die nicht per se mit der empirischen Erscheinung der römisch-katholischen Kirche zusammenfällt."[24] In diesem Sinn sei sein Werk ein Beitrag zur Einheit der Kirchen, in der es zwar noch die verschiedensten Unterschiede geben könne, aber in der sich die eine kirchliche Gemeinschaft in der anderen erkennen und anerkennen könne und das auf Gegenseitigkeit.

Im Zusammenhang seiner Überlegungen zur Amtsfrage griff Schillebeeckx allerdings ausdrücklich auf ein wichtiges Dokument der multilateralen Ökumene zurück, auf die sogenannte „Lima-Erklärung", die 1982 in der peruanischen Hauptstadt verabschiedete Konvergenzerklärung der Kommission für Glaube und Kirchenverfassung des Ökumenischen Rates der Kirchen (ÖRK), der auch katholische Mitglieder gleichberechtigt angehören, über Taufe, Eucharistie und Amt. Als Begründung für diese Bezugnahme auf „Lima" gab er an, positive und negative Erfahrungen mit dem Amt in der eigenen, konfessionellen Glaubenstradition machten eine Konfrontation mit Amtserfahrungen aus anderen kirchlichen Traditionen notwendig, in denen eigene Akzente gesetzt

24 God is ieder oogenblik nieuw. Gesprekken met Edward Schillebeeckx, Baarn 1982, 92.

würden und eine andere Ordnung der Kirche gelte. Schillebeeckx würdigt die „Lima-Erklärung“ als legitimen, kirchlich verantworteten Ausgangspunkt für ein zwischenkirchliches Gespräch im Blick auf einen offiziellen Konsens in der Amtsfrage, macht aber auch kritische Anmerkungen zu dem Dokument: Es stelle die Ämterordnung in der Alten, noch ungeteilten Kirche in den Mittelpunkt, berücksichtige aber nicht die gegenwärtige Praxis mit ihren neuen Formen des kirchlichen Amtes.

Neues Nachdenken über das kirchliche Amt

Damit sind auch schon die Pole umrissen, um die die beiden in den 80er Jahren des 20. Jahrhunderts erschienenen Bücher von Schillebeeckx über das Amt in der Kirche kreisen: Es geht ihm zum einen um die Aufarbeitung des historischen Befunds, von den neutestamentlichen Gemeinden über die Entwicklung des Amtes in der Kirche der Antike und des Mittelalters bis zum nachreformatorischen Amtsverständnis. Zum anderen entwirft er auf dem Hintergrund der aktuellen Amtsproblematik nicht zuletzt in den Niederlanden Perspektiven für den zukünftigen Stellenwert des Amtes in der Kirche, wobei beides für ihn aufeinander bezogen ist. Im Vorwort zu „Kerkelijk ambt. Voorgangers in de gemeente van Jezus Christus“ von 1980 (in deutscher Übersetzung ein Jahr später unter dem Titel „Das kirchliche Amt“ erschienen) verweist Schillebeeckx auf die lange Reihe seiner einschlägigen Aufsätze beziehungsweise Lexikonartikel zur Amtsfrage, die zwischen 1955 und 1980 publiziert wurden. Sie belegen eine langjährige Beschäftigung mit Fragen der Amtstheologie, aber auch die Veränderungen in Ausgangspunkt und Sichtweise, die sich bei ihm im Lauf der Zeit ergeben haben.

Einleitend und an einer späteren Stelle in einem „kurzen hermeneutischen Intermezzo“[25] skizziert Schillebeeckx sein theologisches Programm für den Umgang mit der Amtsfrage und bleibt dabei den leitenden Grundsätzen treu, die er im Blick auf die Christologie und ihre Geschichte seit dem Neuen Testament praktiziert und reflektiert hat: Loyalität gegenüber dem Neuen Testament und der großen christlichen Tradition bedeute keinesfalls die Wiederholung irgendeiner spezifischen Periode, auch nicht der Zeit des Neuen Testaments. Ohne eine kritische Bestandsaufnahme der gesamten Vergangenheit der Kirche seien die aktuellen Fragen nicht als solche normativ, auch wenn sie Teil des Bildes seien. „Für einen Theologen ist das, was als christliche Praxis bezeichnet wird, nie eine direkte Norm, sondern seine Agenda, also das, was er secundum scripturas klären muss, im Licht der großen christlichen Tradition.“[26]

Auf dieser Grundlage arbeitet Schillebeeckx die massiven Verschiebungen im Amtsverständnis vom ersten zum zweiten christlichen Jahrtausend heraus und spricht sich dabei für das erste Jahrtausend als Modell für die zukünftige Gestaltung des Amtes in der Kirche aus. Er thematisiert dann die Spannung zwischen der gegenwärtigen kirchlichen Ordnung und einer alternativen Praxis in Bezug auf das Amt in sogenann-

25 Edward Schillebeeckx: Ministry. Leadership in the Community of Jesus Christ, New York 1986, 100–104.

26 Ebd., 101.

ten „kritischen Gemeinden“ und erklärt sie von einem apostolischen und dogmatischen Gesichtspunkt aus als möglich, als legitime Form eines christlichen Lebens, entstanden durch die Zeitbedürfnisse. Schillebeeckx geht scharf ins Gericht mit den vorherrschenden restaurativen Tendenzen in Debatten und Ergebnissen der Versammlung der Bischofssynode von 1971, die sich mit dem Priesteramt und seiner Krise beschäftigte, und bekräftigt Recht und Pflicht der Theologen, sich kritisch zu offiziellen kirchlichen Positionsbestimmungen in der Amtsfrage zu äußern, weil sie der Komplexität der Probleme nicht gerecht würden.

Fünf Jahre nach „Kerkelijk ambt“ unternahm Schillebeeckx so etwas wie eine „Relecture“ von Geschichte und aktuellen Herausforderungen des kirchlichen Amtes, auch als Antwort auf Kritik an seinem ersten Amtsbuch, diesmal unter dem Titel „Pleidooi voor mensen in de kerk. Christelijke identiteit en ambten in de kerk“ (die deutsche Ausgabe trägt den Titel: „Christliche Identität und kirchliches Amt“). Dieses Vorgehen ist über das Amtsthema hinaus durchaus typisch für den Stil, in dem Schillebeeckx Zeit seines Lebens Theologie betrieben hat: Als offenen historischen und intellektuellen Suchprozess, in dem immer wieder bei den untersuchten Fragen diverse Weiterentwicklungen, Vertiefungen, Nachbesserungen und auch Korrekturen möglich sind. Auf diese Weise hat er schon vor der Zäsur seiner beiden Jesusbücher wichtige Themen seines theologischen Forschens und Nachdenkens angepackt, wie im entsprechenden Kapitel gezeigt wurde. Auch das große „Jesusprojekt“ war diesem Muster verpflichtet; sonst hätte es den „Zwischenbericht“ über die zwei Jesusbücher nicht gebraucht.

In seinem zweiten Amtsbuch setzt sich Schillebeeckx einleitend von dem ab, was er als eine „hartnäckige Form von Dualismus“[27] zwischen historisch-soziologischer und theologischer Betrachtung des kirchlichen Amtes bezeichnet. Er betont demgegenüber, es gehe dabei um ein und dieselbe Wirklichkeit: „Die historisch gewachsene und soziologisch oder historisch erklärbare Gestalt (in diesem Fall des Amtes) ist genau das, was der Gläubige erfährt und in der Sprache des Glaubens als eine konkrete Erscheinungsform von Gnade ausdrückt: eine geglückte, weniger geglückte oder falsche Antwort der Glaubensgemeinschaft auf die Gnade Gottes.“[28] Innerhalb der Tradition der Kirche dürfe man deshalb an Gegen-Traditionen, die zum eigentlichen Leben der Kirchen gehörten, nicht achtlos vorbeigehen. Gleichzeitig unterstreicht er wie auch schon im ersten Amtsbuch im Blick auf die aktuelle alternative Amtspraxis der christlichen Gemeinden und ihrer Vorsteher, diese sei keinesfalls als solche Wahrheitsnorm. Vielmehr sei die tatsächliche Praxis von Christen und christlichen Gemeinden für den Theologen nur ein ‚mögliches Zeichen‘ des Glaubens; er untersuche dann, ob es sich um ein wirkliches Zeichen des Glaubens handle.

In einem nochmaligen historischen Durchgang befasst sich Schillebeeckx in „Pleidooi voor mensen in de kerk“ ausführlich mit den Anfängen von christlicher Gemeindebildung in der Jesusbewegung, mit Amt und Gemeinde in frühchristlich-neutestamentlicher Zeit und mit der Entwicklung der

27 Edward Schillebeeckx: Pleidooi voor mensen in de kerk. Christelijke identiteit en ambten in de kerk, Baarn 1985, 14.

28 Ebd.

Ämter und des Priesterbilds in den verschiedenen Epochen der Kirchengeschichte, bis hin zum Zweiten Vatikanischen Konzil und seinem Verständnis des Amtes in der Kirche. In einer Zusammenfassung des historischen Befundes unter der Überschrift „Kontinuität und signifikante Bruchstellen in der Geschichte von Theologie und Praxis der kirchlichen Ämter“[29] betont er, es sei eine der Aufgaben des Theologen, die Kirche und ihre lebendige Praxis jeweils mit der gesamten Glaubenstradition zu konfrontieren, „diese Tradition mit all ihren historisch wechselnden Kontexten und mit darin bewusst oder unbewusst investierten theologischen und nichttheologischen Modellen“[30]. Im Blick auf die aktuelle Situation spricht Schillebeeckx von der Herausforderung durch negative Erfahrungen mit dem kirchlichen Amt und bescheinigt ihnen eine diagnostische Bedeutung sowie eine ideologiekritische Kraft. Schließlich hätten sie auch eine dynamisierende Wirkung, allerdings: „Nicht das bloße Faktum der Klagen und einer alternativen Amtspraxis hat diese dynamisierende Kraft, wohl aber die Tatsache, dass aufgrund der darin vorhandenen ‚christlichen Vernunft‘ Christen in schon beinahe unfehlbarer Weise eine moderne Form von ‚Apostolizität‘ erkennen.“[31]

29 Ebd., 202–206.

30 Ebd., 206.

31 Ebd., 253.

Gott als Problem für westliche Menschen

Die Beschäftigung mit dem Thema kirchliches Amt war für Schillebeeckx mit der Veröffentlichung der beiden einschlägigen Bücher nicht zu Ende. In seinem 1989 erschienenen Buch „Mensen als verhaal van God" ist das vierte Kapitel programmatisch betitelt: „Für eine demokratische Leitung der Kirche als Gemeinde Gottes"; es enthält einen eigenen Paragraphen über eine demokratische Amtsführung der Kirche und mündet in Überlegungen zum Verhältnis von Lehramt einerseits und der „Lehrgewalt der Gläubigen und ihrer Theologen" andererseits. Dennoch ist das Buch als Ganzes nicht der Frage nach Kirche und Kirchenordnung gewidmet, obwohl es vom Autor, so seine Auskunft im Vorwort, ursprünglich als ekklesiologische Abrundung der beiden großen Jesusbücher von 1974 und 1977 gedacht war. Schillebeeckx begründete diese Planänderung mit der veränderten kirchlichen Situation: „Ich kam zu der Einsicht, daß es besser sei, nach dem Kern des Evangeliums und der christlichen Religion zu suchen, nach dem Eigentlichen und Einzigartigen derselben, als mich in einer Periode kirchlicher Polarisierung unmittelbar mit innerkirchlichen, im Grunde zweitrangigen Problemen hinsichtlich des christlichen Glaubensinhalts und der Frage, welche Aufgaben auch die Christen in dieser Welt haben, zu beschäftigen."[32]

Bei dieser „Suche nach dem Kern des Evangeliums und der christlichen Religion" greift Schillebeeckx viele Themen und Gedanken auf, die schon aus anderen Veröffentlichungen

32 Edward Schillebeeckx: Menschen. Die Geschichte von Gott, Freiburg 1990, 7.

aus seiner Feder vertraut sind, und bleibt dem theologischen Koordinatensystem treu, das er spätestens seit den beiden Jesusbüchern entwickelt hat. So ist das dritte Kapitel „Christen finden Gott vor allem in Jesus Christus“ über weite Strecken so etwas wie eine konzentrierte Reprise von „Jesus. Die Geschichte von einem Lebenden“, wobei sich Schillebeeckx durch die darauf folgende Diskussion über das christologische Grundproblem des Verhältnisses zwischen Jesus von Nazaret und dem Bekenntnis zu Jesus Christus bestätigt sieht: „Aus der vielen Literatur, die seitdem über dasselbe Thema erschienen ist (oft anläßlich dessen, was ich darüber 1974 geschrieben hatte), sind keine wirklich neuen Gesichtspunkte zutage getreten. Doch ist man sensibler geworden für manche Spannungen und deren Implikationen.“[33] Er bekräftigt sein grundlegendes christologisches „Credo“: „Es gibt für Christen keinen Jesus ohne das kirchliche Bekenntnis Christi, wie es kein kirchliches Bekenntnis ohne das menschenbefreiende Auftreten des historischen Jesus von Nazaret gibt.“[34] In diesem Zusammenhang bezieht Schillebeeckx dann auch Stellung zur Frage, wie die nichtchristlichen Religionen vom Christentum aus zu bewerten sind, und vertritt dabei eine Position, die andere Religionen als eigenständige Heilswege würdigt, ohne die Einzigartigkeit des christlichen Glaubens gerade in seiner bleibenden Bindung an Jesus von Nazaret einzuebnen.[35]

33 Ebd., 143.

34 Ebd.

35 Vgl. ebd., 211–215.

Vor den christologischen Teil seines in vieler Hinsicht bilanzierend und resümierend gehaltenen Buchs „Menschen. Die Geschichte von Gott“ setzt Schillebeeckx Überlegungen einerseits zum Verständnis von Geschichte als Befreiungs- wie Leidensgeschichte und als Ort der Offenbarung, andererseits zur Suche des Menschen nach Gott unter den Bedingungen der westlichen Moderne. Dabei bekräftigt er seine Grundthese, wonach die Rede von Offenbarung in jedem Fall an menschlich-geschichtliche Erfahrungen anschließen müsse: „Offenbarung setzt einen menschlich sinnvollen Prozeß voraus, ein Geschehen, das schon menschlich relevant ist, menschen-befreiend, ohne direkten Bezug auf Gott – ‚etsi Deus non daretur‘.“[36] Mit der gleichen Zielrichtung wird betont, religiöse Erfahrungen bildeten keine gesonderte Offenbarungswelt, würden jedoch eine Tiefendimension dieser menschlichen Erfahrung zur Sprache bringen. Schillebeeckx hält aber gleichzeitig fest, Offenbarung sei nicht die Frucht der Erfahrung, sondern die Erfahrung Frucht der Offenbarung. Im Blick auf die Größe der Kirche findet er in diesem Zusammenhang die prägnante Formel, Kirche und Religion seien der „dankbare Willkommensgruß für das gleichsam anonyme, verhüllte und bescheidene In-die-Welt-Kommen Gottes.“[37] Auch für religiöse Menschen bleibe Gott der verborgene Gott, selbst im Menschen Jesus von Nazaret.

Daran schließen die Ausführungen von Schillebeeckx zur Gottesfrage in seinem letzten größeren Buch direkt an. Er be-

36 Ebd., 29.

37 Ebd., 37.

ginnt mit der Frage, warum Gott für westliche Menschen zum Problem geworden sei, und beschäftigt sich zunächst mit Religionen als dem konkreten Kontext des Redens von Gott: „Der eigentliche Zusammenhang, in dem das Wort Gott gebraucht wird, ist das individuelle und gemeinsame Gebet lebender Menschen zu Gott."[38] Der Schwerpunkt des Kapitels liegt dann konsequenterweise auf Analysen zur mystischen Tiefendimension der menschlichen Existenz, ausgehend von der These, gerade die moderne rationale und technische Kultur, die das Verschwinden der Transzendenz bewirkt habe, mache ein neues Verlangen nach Mystik zumindest möglich. Schillebeeckx arbeitet sich in verschiedenen Anläufen an der Frage nach Gott als dem letztlich unergründlichen Geheimnis ab, im Spannungsfeld von Mystik und Ethik, von Glaube und Unglaube, von Nachdenken und praktischem Handeln. Theologie, so eine charakteristische Formulierung in diesem Zusammenhang, könne keine Gottesbeweise liefern: „Sie ist dann wohl eine gläubige Reflexion über die Praxis der Gerechtigkeit und Liebe und deren Implikationen."[39] Die entsprechenden Überlegungen enden nicht zufällig mit einem sehr dicht gehaltenen Paragraphen unter der Überschrift „Gott Gott sein lassen", in dem Schillebeeckx zu dem Schluss kommt, Gottes drei-‚persönliches' und sein Handeln in Schöpfung und Bund überstiegen die Kategorien der Notwendigkeit, der Kontingenz und der geschöpflichen Wahlfreiheit: „Sein Wesen und sein Handeln sind absolute Freiheit und daher für uns ‚jeden Augenblick neu, nicht vor-

38 Ebd., 94.

39 Ebd., 134.

hersehbar."[40] Das menschliche Antlitz Jesu offenbare nicht nur das Antlitz Gottes in seinen markanten Konturen, sondern verhülle es zugleich, „weil es eine Offenbarung des unaussprechlichen Gottes durch Jesu wirklich-menschlichen, geschichtlichen und damit kontingenten und begrenzten Ausdruck ist."[41]

Verglichen mit solchen Überlegungen wirkt das ekklesiologische Kapitel in „Menschen. Die Geschichte von Gott" wie ein Appendix. Die theologische Grundlage für seine kritische Auseinandersetzung mit Gestalt und Problemen der katholischen Kirche ist für Schillebeeckx der Leitsatz: „Kirchengemeinschaft als Geheimnis läßt sich nicht hinter oder über der konkret sichtbaren Wirklichkeit finden. Kirchengemeinschaft ist in dieser hier und jetzt deutlich nachweisbaren Wirklichkeit zu finden."[42] Im Blick auf die Kirche nach dem Zweiten Vatikanischen Konzil und ungeachtet seiner ekklesiologischen Neuansätze konstatiert er, eine Kirche, die ihre eigene Wahrheit, nämlich die befreiende Freiheit Jesu Christi, durch die Form ihrer autoritär-hierarchischen Vermittlung verhülle, werde für die Gläubigen zu einer nicht-attraktiven und abstrakten Institution. Schillebeeckx plädiert als Gegenmittel für eine recht verstandene Demokratisierung der Kirche und begründet dieses Postulat mit dem Verweis auf den Heiligen Geist als Fundament aller kirchlichen Autorität: „Soweit es ‚Autorität' gibt, geht diese auf die Wirksamkeit des Geistes Jesu, des Christus, zurück. Das Funktionieren

40 Ebd., 137.

41 Ebd., 138.

42 Ebd., 268.

amtlicher Gewalt muß daher so organisiert sein, daß die bleibend anwesende, frei machende Autorität des Herrn Jesus im Leben der christlichen Glaubensgemeinschaft immer wieder zur Geltung kommen kann."[43] Daraus ergibt sich unter anderem der Schluss, Lehramt, Theologie und gläubige Gemeinschaft seien auf eine neue Art und Weise aufeinander angewiesen.

Im „Epilog" zu seinem dritten „Jesusbuch", das eigentlich nur noch teilweise und mehr indirekt auch ein Buch über Jesus ist, stellt Schillebeeckx die Frage, ob die Kirche noch Zukunft hat. Seine Antwort: Sie habe nur Zukunft in dem Maß, „in dem sie allen Supranaturalismus und Dualismus fahren läßt: also, einerseits, Heil nicht auf ein bloß geistiges Reich oder eine nur himmlische Zukunft reduziert und sich, anderseits, nicht introvertiert auf sich selbst als Kirche konzentriert, sondern sich, nach außen gewandt, auf den anderen ausrichtet: auf Menschen in der Welt. Und dann nicht ausschließlich an die eigene, geschichtliche Selbsterhaltung als geistige Macht in der Welt denkt."[44] Dementsprechend beschäftigt er sich auf den letzten Seiten von „Menschen. Die Geschichte von Gott" mit der Schöpfungsthematik im Blick auf die ökologische Herausforderung. Für die Bibel sei der Mensch Stellvertreter Gottes auf Erden, zum Heil des Menschen, der Natur und der Weltgeschichte. Und wenn auch der Mensch in seinem Schöpfungsauftrag mehr zu versagen als Erfolg zu haben scheine, eröffne dies den Raum für

43 Ebd., 272.

44 Ebd., 295.

eine wirklich menschliche Ethik über unser Verhalten gegenüber Welt und Natur.

Eine Art theologisches Testament

Auch in dem Gesprächsband mit dem italienischen Journalisten Francesco Strazzari, der im Original 1993 erschien[45], verwies Schillebeeckx auf das Stichwort Schöpfung als Interessenschwerpunkt seiner späten theologischen Schaffensphase: In den letzten Jahren habe er damit begonnen, das Thema Schöpfung in Beziehung zur Eschatologie zu untersuchen. In dem Teil des Interviewbandes mit Strazzari, der einer Bilanz seines theologischen Forschens gewidmet ist, kam Schillebeeckx dementsprechend zunächst auf das Verständnis von Schöpfung zu sprechen. Wir bräuchten neue Worte, um sagen zu können, was Schöpfung sei: „Wir wissen alles über Evolution, aber beinahe nichts über Schöpfung. Selbst Christen haben Probleme mit der Schöpfung."[46] Sein in lockerer Gesprächsdiktion formulierter Ansatz sieht ein ausgewogenes Verständnis dann gegeben, wenn Natur und Kosmos in die menschliche Geschichte aufgenommen würden. Die moderne Subjektivität könne keinen Zugang zu Gott finden, wenn sie die Natur ausblende.

In seinem theologischen „Rundumschlag" von der Schöpfung über die Trinität und die Gestalt Jesu Christi bis zur

---

45 Edward Schillebeeckx: Sono un Teologo felice. Colloqui con Francesco Strazzari, Bologna 1993; englische Übersetzung: Edward Schillebeeckx: I am a Happy Theologian. Conversations with Franceso Strazzari, London 1994.

46 Ebd., 47.

Eschatologie und zur Kirche mit ihren Ämtern begegnen viele Stichpunkte, die für das theologische Denken von Schillebeeckx spätestens seit seinen Jesusbüchern prägend waren. Dazu gehören etwa Reserven gegenüber der Verwendung des Personbegriffs in der Trinitätslehre, die Betonung der Gratuität Gottes als absoluter Freiheit oder die Feststellung, die Erfahrung menschlicher Kontingenz könne sowohl zu Gott wie zu seiner Bestreitung führen. Dazu gehören auch die Absage an eine direkte Ableitung ethischer Normen aus Offenbarung und Glaube, mit der Kurzformel, es gebe nicht so etwas wie eine christliche Ethik, nicht zuletzt das Plädoyer für eine „Ekklesiologie in Moll“: „Viele Christen lehnen die Vision einer großen und mächtigen Kirche ab.“[47] Die Kirche solle mehr ein Anhang, eine Ergänzung zu dem sein, was über Gott gesagt werde. Dadurch könne sie in der Welt stärker gehört werden.

Als eine Art theologisches Testament bekennt sich Schillebeeckx in dem Gespräch mit Francesco Strazzari zur unerlässlichen Verbindung von Glaube und Rationalität und wendet sich gegen den „Glauben der Enthusiasten“[48] wie gegen Fundamentalismus, der zum Obskurantismus führe. Er schreibe nicht für die Ewigkeit, sondern für Männer und Frauen in einer spezifischen historischen Situation. Seine Theologie sei kontextuell, aber gleichzeitig wolle er auch über die Situation als solche hinausgehen. In den kritischen wie in den konstruktiven Aspekten seines theologischen Denkens habe er sich darum bemüht, „anderen von der Hoffnung und Freude Zeug-

47 Ebd., 74.

48 Ebd., 79.

nis zu geben, die in mir sind."[49] Er habe in jüngster Zeit in seinem theologischen Denken das Schwergewicht eher darauf gelegt, Menschen gegen entmenschlichende Ansprüche von Religion zu verteidigen, als die Religion „gegen die illusorischen Ansprüche der sündigen Männer und Frauen in Schutz zu nehmen, die wir sind."[50]

Im Jahr 1994 legte Schillebeeckx dann erneut ein kleineres Buch vor, das wirklich den Titel „Theologisches Testament" trägt.[51] In seinem Geleitwort verwies er auf den Gesprächsband mit Francesco Strazzari, und auch im Grundaufbau folgt „Theologisches Testament" der vorausgegangenen Veröffentlichung. Das Buch von 1994 ist allerdings durchgehend ausführlicher gehalten; es solle, so Schillebeeckx, als ein „offenherziges Gespräch mit mir selbst in meiner eigenen Sprache" betrachtet werden und mit einem Brief vergleichbar sein, „der Antwort gibt auf die wichtigsten Fragen, die mir Leser gestellt haben."[52] Dabei blickt er auf die methodische Entwicklung seines theologischen Denkens zurück: Von der Orientierung an Thomas von Aquin und seinem Theologieverständnis zum hermeneutisch-kritischen Umgang mit Dogma und Tradition. Als Konsequenz formuliert er, es sei nötig, sich der menschlichen, historischen und damit kontingenten Vermittlung bewusst zu bleiben, die für uns die Heilige Schrift sei. Was wir Offenbarung nennen, beinhalte immer eine perspektivische Sicht des Glaubens, die in ihrer

49 Ebd., 81.

50 Ebd.

51 Edward Schillebeeckx: Theologisch testament. Notarieel nog niet verleden, Baarn 1994.

52 Ebd., 7.

Perspektivität nicht verabsolutiert werden dürfe: „Darum lege ich den Nachdruck auf die Vermittlung menschlicher, individueller und kollektiver Glaubenserfahrungen in einer Glaubensgemeinschaft, die uns von Gott spricht."[53]

Auf dieser Grundlage äußert sich Schillebeeckx in seinem „Theologischen Testament" dann zu einzelnen theologischen Problemfeldern, angefangen beim Thema Schöpfung und Gnade über Gottes- und Trinitätslehre, Eschatologie und das Verhältnis von Ethik und Religion bis zu aktuellen innerkirchlichen Fragen wie der Stellung von Ämtern in der kirchlichen Gemeinschaft, dem Pflichtzölibat und der Weihe von Frauen sowie auch der Zukunft des Ordenslebens. Er unterstreicht dabei beispielsweise wieder das geheimnisvolle Ineinander von Anwesenheit und Abwesenheit Gottes: „Gottes absolute, darum transzendente Anwesenheit nimmt für den Menschen die Gestalt der empirischen Abwesenheit an, aber bleibt darin für denjenigen, der glaubt, heilbringend – wie geheimnisvoll das auch sein mag."[54] Mit Blick auf die Botschaft Jesu hebt Schillebeeckx auf die Humanität als Kriterium für die wahre Religion ab: Eine Religion, die den Menschen verachte und erniedrige, sei per definitionem eine verkehrte Weise, Gott zu dienen, sowohl Gottes wie des Menschen unwürdig.

---

53 Ebd., 81.

54 Ebd., 90.

Immer ein Fragment

Zum Abschluss der Ausführungen zu theologisch-kirchlichen Einzelthemen skizziert der flämisch-niederländische Dogmatiker die Grundstruktur seines theologischen Denkens und fasst dabei in vier „großen Metaphern aus der jüdischen und christlichen Tradition"[55] seine Konzeption von christlich verstandenem Heil und Befreiung nochmals zusammen: die radikale Befreiung der Menschheit zu einer brüderlichen und schwesterlichen Lebensgemeinschaft ohne Herr-Knecht-Beziehungen; vollkommenes Heil und Glück der individuellen Person als göttliche Bestätigung der menschlichen Person bis in ihre menschliche Leiblichkeit hinein; der neue Himmel und die neue Erde als eschatologische Vollendung des für den Menschen lebensnotwendigen ökologischen Lebensmilieus; schließlich werde die fundamentale, sogar konstitutive Rolle oder Bedeutung des Menschen Jesus allen offenbar werden: „Die endgültige Einzigartigkeit liegt darin, dass Jesus, als der Weltenrichter oder Menschensohn, im Auftrag Gottes das endgültige Urteil über unsere menschliche Geschichte sprechen wird und dass er, der von unserer Geschichte Verworfene am Kreuz, auf ewig jedem Recht tun wird, der durch und in unserer menschlichen Geschichte weggearbeitet, gemartert und ermordet wurde."[56]

Schillebeeckx gab seinerzeit auch noch einen Ausblick auf geplante Arbeitsvorhaben, vor allem auf ein neues Buch über die Sakramente, denen er in den 50er Jahren zwei damals

55 Ebd., 133.

56 Ebd., 134.

bahnbrechende Werke gewidmet hatte. Er wollte die Frage nach Stellung und Bedeutung der Sakramente unter den veränderten kulturellen und kirchlichen Bedingungen neu angehen und dabei auch soziologisch und theologisch uneindeutige Begriffe wie ‚Säkularisierung', ‚Symbolarmut' und ‚Entkirchlichung' kritisch untersuchen. Sogar einen vorläufigen Titel für das neue Sakramentenbuch hatte Schillebeeckx schon ausgesucht. Es sollte „Unterbrochene Erzählung – Widerstand, Engagement, Feiern. Sakramente als metaphorische Feiern" heißen.[57] Ein Buch mit diesem verheißungsvollen Titel aus der Feder von Edward Schillebeeckx ist allerdings nie erschienen – seine lange legendäre theologische Arbeitskraft ließ ihn in den letzten Jahren seines Lebens im Stich. Es wäre ausgesprochen spannend gewesen, hätte er diese Relecture seiner sakramententheologischen Anfänge noch vollenden können. Es ist typisch für seine Theologie der immer neuen Anfänge und Revisionen, dass sie in einem bestimmten Sinn Fragment bleibt.

57 Ebd., 190.

5.
Schlussüberlegungen

Edward Schillebeeckx ist schon zehn Jahre tot; seine großen Werke erschienen in den 70er Jahren des 20. Jahrhunderts. Insofern ist sein Denken inzwischen Teil der neueren Theologiegeschichte, der Jahrzehnte vor und nach dem Zweiten Vatikanischen Konzil, das für die katholische Kirche und auch für die katholische Theologie den markantesten Einschnitt des vergangenen Jahrhunderts bedeutete. Seitdem ist die Welt allerdings nicht stehen geblieben: Nach dem Ausnahmepapst Johannes Paul II., der die Bischöfe mit der Einberufung der Synoden-Sonderversammlung von 1985 eine Bilanz des Konzils nach zwanzig Jahren ziehen ließ, und dem „Theologenpapst" Benedikt XVI., in dessen Pontifikat viele Probleme in der Kirche letztlich nur aufgeschoben wurden, haben die Kardinäle beim Konklave von 2013 Papst Franziskus gewählt, der durch seine Anstöße für Bewegung und heilsame Unruhe im kirchlichen Leben sorgt, was aber gleichzeitig Konflikte um den richtigen Kurs der katholischen Kirche anschärft. In Deutschland steckt die Kirche derzeit in einer heiklen Umbauphase mit ungewissem Ausgang, erzwungen nicht zuletzt durch Krisenerscheinungen bei Klerus und Orden, aber auch durch die inzwischen ansichtigen, aber kaum wirklich angegangenen Herausforderungen für Pastoral und öffentliches Zeugnis, die sich aus dem verschärften gesellschaftlichen und religiösen Wandel ergeben. Die Theologie wiederum kämpft mit einem unverkennbaren kirchlichen wie öffentlichen Relevanzverlust und verkriecht sich als Reaktion darauf zum Teil in Spezialdiskurse und eine abgehobene, introvertierte Begrifflichkeit, die kaum noch einen unserer Zeitgenossen hinter dem Ofen hervorzulocken im Stande sind.

Angesichts dieser Situation liegt die Frage nahe, ob sich aus dem theologischen Denken von Edward Schillebeeckx überhaupt noch Funken für gegenwärtige Diskussionen und Verständigungsprozesse schlagen lassen – sie stellt sich im Übrigen auch im Blick auf die anderen überragenden katholischen Theologen seiner Generation, etwa Karl Rahner oder Yves Congar. Ihre Bedeutung und ihr großes Verdienst lagen zweifellos darin, dass sie aus genauer Kenntnis der traditionellen Theologie und mit Gespür für die veränderten denkerischen Problemstellungen in der Moderne in mühsamer Arbeit und mit vielen Gegenschlägen lange entbehrte Freiräume erschlossen und der Theologie dadurch neue Möglichkeiten eröffneten. Aber diese aufreibenden Schlachten sind längst geschlagen, wenn es allerdings durchaus noch das eine oder andere Nachhutgefecht gibt. Theologisches Arbeiten muss sich heute in der späten Moderne mit ihren unleugbaren und schwer zu bewältigenden Ambivalenzen in jedem Fall mit anderen Herausforderungen herumschlagen, vom Nebeneinander von verschärfter Säkularität und Hinwendung zu fundamentalistischen Formen von Religion bis zum Streit um die öffentliche Rolle der Religionen und religiösen Gemeinschaften oder um einen ethischen Grundkonsens unter in hohem Maß privatisierten und pluralistischen Verhältnissen. Dafür lohnt sich allerdings durchaus der abschließende Blick auf einige Grundimpulse gerade aus dem reichen Werk von Edward Schillebeeckx, die zur Bewältigung der heute vorrangigen Aufgaben von Kirche und Theologie hilfreich und zukunftsweisend sein können.

1. „Bei Jesus Christus neu beginnen“ – so lautet der Titel eines Buchs, das der derzeitige Bischof von Schillebeeckx’ flämischer Geburtsstadt Antwerpen, Johan Bonny, zum zehnjährigen Jubiläum seiner Bischofsweihe Anfang 2019 vorgelegt hat: „Bei Jesus Christus neu beginnen: eine andere Wahl haben wir nicht. In dieser Hinsicht stehen wir vor dem gleichen Auftrag wie die Apostel in der ersten Zeit der Kirche.“[1] Tatsächlich gibt es keinen Weg für ein ernsthaftes Nachdenken über das Christentum an der geschichtlichen Gestalt Jesus von Nazaret vorbei, wie auch nicht vorbei an der christologischen „Ursynthese“, die einst mit dem Doppelnamen „Jesus Christus“ vollzogen wurde. Gleichzeitig ist der gekreuzigte Wunderheiler und Wanderprediger namens Jesus aber heute längst keine selbstverständliche Bezugsgröße mehr, sondern eine eher sperrige, befremdliche Gestalt aus dem antiken Judentum, über die man nur wenig Sicheres sagen kann.

Und vor allem ist die Frage nicht zu umgehen, warum das Christentum dieser kontingenten Gestalt eine so bedeutende Rolle für das Heil der Menschen und der ganzen Welt zuspricht, wie es schon die neutestamentliche Apostelgeschichte den Apostel Petrus sagen lässt: „Es ist uns Menschen kein anderer Name unter dem Himmel gegeben, durch den wir gerettet werden sollen“ (Apg 4,12). Der Glaube hat dieses Be-

1 Johan Bonny: Herbeginnen bij Jezus Christus, Antwerpen 2018, 7.

kenntnis seither immer neu nachgesprochen. Aber wie lässt es sich heute ehrlich und mit guten Gründen wiederholen, angesichts der zahlreichen religiösen und weltanschaulichen Angebote, die auch in früher christlich geprägten Gesellschaften inzwischen präsent sind, wie auch all dessen, was wir über problematische, unheilvolle Seiten des Christentums und seiner Geschichte wissen? Muss es uns da nicht eher im Hals stecken bleiben?

Entschiedenes Plädoyer für die historisch-kritische Forschung

Der Weg, den Schillebeeckx vor einigen Jahrzehnten mit seinem Jesusbuch eingeschlagen hat, ist für ein redliches und genaues theologisches Nachdenken über Jesus Christus und seine bleibende Bedeutung für den Glauben auch heute noch angemessen und sogar unumgänglich. Schillebeeckx' „Jesus. Die Geschichte von einem Lebenden" ist durchgängig ein entschiedenes Plädoyer dafür, die historisch-kritische Forschung wirklich ernst zu nehmen und die Christologie dementsprechend mit dem zu beginnen und gleichzeitig auf dem abzustützen, was sich über die Gestalt Jesu von Nazaret mit Hilfe der neutestamentlichen Texte durch eine historische Rückfrage eruieren lässt. In einem weiteren Schritt unternimmt er eine Rekonstruktion der ersten Versuche, das an diesem Jesus von Nazaret ansichtig gewordene Heilsangebot zu identifizieren und näher zu beschreiben. Er will „nach möglichen Zeichen im historisch-kritisch konstruierten Jesus-Bild suchen, nach Zeichen, welche die menschliche Frage nach Heil auf das christliche Angebot einer Antwort ausrichten können, die auf ein besonderes Heilshandeln Gottes in diesem Jesus hinweist."[2] Dieses Heilshandeln Gottes wird dann, so der nächste Schritt im Konzept von Schillebeeckx, in der Geschichte des Glaubens, von Frömmigkeit und Theologie immer wieder unter veränderten Umständen verstanden und ausgelegt, wobei die Interpretation immer auf den Jesus der Geschichte bezogen sein muss, um eine christliche zu bleiben.

Durch ein solches Vorgehen wird Christologie als theologisch-dogmatische Aufgabe nicht einfach durch die historisch-kritische Rekonstruktion ihrer Frühphase ersetzt oder überflüssig gemacht. Aber es wird sozusagen mit offenen Karten gespielt, und das ist nicht hoch genug zu schätzen: Für jemanden, der im christlichen Glauben beheimatet ist, genauso wie für Menschen, die ihm eher fernstehen. Heutigen Gläubigen verhilft ein Ansatz wie der von Schillebeeckx bei ihren oft auch mühsamen Orientierungsversuchen zu einer angemessenen Sicht auf das Spezifikum ihres christlichen Glaubens, weil er auf die bleibende Spannung wie Verbindung zwischen dem Menschen Jesus in seiner historischen Umwelt und späteren Deutungen seiner Person und seines Werks aufmerksam macht und dadurch Offenheit für eine eigene Auseinandersetzung mit beidem ermöglicht. Damit bietet Schillebeeckx auch eine Alternative zu einer Konzeption wie der auf den ersten Blick durchaus anziehenden der drei Jesusbücher von Joseph Ratzinger/Benedikt XVI., über die das 2017 erschienene „Jesus Handbuch" in seiner Einleitung

2 Edward Schillebeeckx: Jesus. Die Geschichte von einem Lebenden, Freiburg 1975, 28.

urteilt, bei Ratzinger werde die historisch-kritische Methode durch ‚kanonische Exegese', die Lehre vom vierfachen Schriftsinn und die Inspirationslehre relativiert und sich dadurch ihres kritischen Potentials entledigt. Dieses Verfahren unterscheide sich grundlegend von einem solchen, „das die biblischen Texte gemeinsam mit dem übrigen historischen Material auf der Grundlage der historischen Kritik interpretiert und ihre Gegenwartsbedeutung auf dieser Basis durch hermeneutische und wirkungsgeschichtliche Reflexionen zur Geltung bringt."[3]

Gleichzeitig macht der Ansatz von Schillebeeckx Zeitgenossen, die von außen interessiert oder auch eher skeptisch auf das Christentum und seinen Ursprung blicken, ein ehrliches, weil intellektuell nachvollziehbares Angebot: Sie können in der historischen Rekonstruktion Schritt für Schritt nachvollziehen, wie es geschichtlich zu diesem Glauben gekommen ist, und werden durch die entsprechenden Befunde möglicherweise vor die Herausforderung gestellt, sich diesen Glauben an Jesus Christus und seinen Vater im Himmel als solchen zu eigen zu machen – oder auch nicht. Schillebeeckx selber formuliert, er habe sein Buch über Jesus geschrieben „in Ehrfurcht vor der Besonderheit und unreduzierbaren Ursprünglichkeit des Gläubigseins und in Ehrfurcht vor den Forderungen der kritischen Rationalität"[4]. Beides soll voll und ganz zu seinem Recht kommen, und das ist auch gut so, im Interesse und zum Nutzen von Gläubigen wie Ungläubigen.

---

3 Jens Schröter – Christine Jacobi (Hg.): Jesus Handbuch, Tübingen 2017, 4.

4 Jesus, 26.

2. Heutige Diskussionen im Zusammenhang mit dem christlichen Glauben, vor allem im katholischen Kontext, drehen sich meist um das Thema Kirche und ihre Amtsträger, jedenfalls wesentlich häufiger als um Jesus Christus und seine Heilsbedeutung. Dass dem so ist, hängt vor allem mit der Sichtbarkeit und damit auch schnellen Kritisierbarkeit der Kirche als Institution zusammen. Gleichzeitig ist die Kirche nach katholischem Verständnis auch ein religiös aufgeladenes Gebilde. In der grundlegenden Kirchenkonstitution des Zweiten Vatikanischen Konzils heißt es dementsprechend: „Die mit hierarchischen Organen ausgestattete Gesellschaft und der geheimnisvolle Leib Christi, die sichtbare Versammlung und die geistliche Gemeinschaft, die irdische Kirche und die mit himmlischen Gaben beschenkte Kirche sind nicht als zwei verschiedene Größen zu betrachten, sondern bilden eine einzige komplexe Wirklichkeit, die aus menschlichem und göttlichem Element zusammenwächst" (LG, Nr. 8). Die Kirche mit ihren Strukturen wird so ein Stück weit ins Göttlich-Himmlische emporgehoben und steht deswegen in der Gefahr der Selbstimmunisierung, was sowohl Probleme für das ökumenische Gespräch mit anderen christlichen Kirchen und Gemeinschaften schafft als auch innerkirchliche Diskussionen um Gestalt und Organisation von Kirche schnell blockiert beziehungsweise blockieren kann. Das Zweite Vatikanum hat zwar eine einseitige Deutung der katholischen Kirche als einzigartiger und makelloser „göttlicher" Instanz relativiert, aber am Grundproblem und seinen praktischen Auswirkungen nichts Entscheidendes geändert.

Für eine negative Ekklesiologie

Hier setzt Schillebeeckx mit seinen Überlegungen über Kirche und Amt einen Akzent, der zu einem Ausweg aus den diversen Sackgassen in der katholischen Ekklesiologie beitragen kann. Charakteristisch dafür ist seine öfters wiederholte, anschauliche Aussage, nötig sei in der aktuellen Situation so etwas wie eine Ekklesiologie in Moll: „Es braucht ein Stück ‚negative Ekklesiologie', Kirchentheologie in Moll, um ein gesundes Gleichgewicht zu erreichen und über den jahrhundertelangen Ekklesiozentrismus der empirischen Größe ‚christlicher Glaube' hinwegzukommen: um Gottes, um Jesu Christi und um der Menschen willen."[5] Schillebeeckx hält in diesem Zusammenhang fest, Kirchen seien nicht das Geheimnis von Gottes Anwesenheit in der Welt, weil diese heilbringende Gegenwart allen Kirchen vorausliege: „In der Sprache der Heilswirklichkeit kommt die Kirche an zweiter Stelle zu stehen: Sie ist das Geheimnis des Sichtbarwerdens einer Botschaft von Gottes wirksamer Anwesenheit in der Welt der Menschen."[6] Er konstatiert, man habe in jüngster Zeit, zumindest in bestimmten Kreisen der katholischen Kirche, mit der unverzichtbaren Einsicht, dass die Kirche ein ‚Mysterium' sei, viel Missbrauch getrieben – und dieser Missbrauch ist heute noch ganz und gar nicht ausgestorben. Er feiert vielmehr gerade in gegenwärtigen Diskussionen noch oder auch wieder fröhliche Urständ.

---

5 Edward Schillebeeckx: Weil Politik nicht alles ist. Von Gott reden in einer gefährdeten Welt, Freiburg 1987, 49.

6 Ebd., 65.

Schillebeeckx entmythologisiert dagegen die Kirche grundlegend, was gerade der katholischen Kirche mit ihrer rechtlich festgeschriebenen Amts- und Hierarchielastigkeit ausgesprochen guttut. Er reduziert damit Kirche nicht auf soziologische Zusammenhänge: „Was in Termini menschlicher Erfahrung beschrieben und soziologisch analysiert wurde, muss schließlich auch in der Sprache des Glaubens gesagt werden."[7] Aber er öffnet aus diesem Grundverständnis heraus einen Weg, Kirche neu, vor allem auch flexibler zu denken und daraus auch praktisch-organisatorische Konsequenzen zu ziehen, nicht zuletzt für das Profil des priesterlichen und bischöflichen Amts. Die Überlegungen zu neuen Formen von Amt und Gemeinde, die Schillebeeckx seinerzeit anstellte, haben zwar ihren Zeitindex, bezogen sich konkret auf Entwicklungen und Spannungen jener Jahre in der katholischen Kirche der Niederlande beziehungsweise wurden vor allem von ihnen ausgelöst. Sein Plädoyer für eine „Ekklesiologie in Moll" bleibt aber darüber hinaus ein wichtiger Grundgedanke für die notwendigen Bemühungen um Kirchenreform. Es gilt der Leitsatz: „Kirche als Institution gibt es nie um ihrer selbst willen, auch wenn sie (wie viele Religionen) das nicht selten vergessen hat."[8] Deshalb darf sich Kirche auch nicht zu wichtig nehmen, gerade wenn sie wie derzeit nicht zuletzt in Deutschland viel über strukturelle Veränderungen nachdenkt.

3. Sowohl Glaubensaussagen über Jesus Christus wie über die Kirche haben mit dem Geheimnis Gottes zu tun: „Chris-

7 Edward Schillebeeckx: Menschen. Die Geschichte von Gott, Freiburg 1990, 266.

8 Weil Politik nicht alles ist, 49.

tentum ohne Gott ist das Ende des Christentums"[9] – so eine prägnante Formulierung von Edward Schillebeeckx. Die „Sache mit Gott" (das war der Titel eines Erfolgsbuchs des evangelischen Theologen Heinz Zahrnt aus den 60er Jahren des 20. Jahrhunderts) hat heute viele unterschiedliche Facetten: Es gibt die plakative Gegenüberstellung zwischen dem den Menschen liebend zugewandten Gott der Christen und dem strengen, auf seine Gebote pochenden Gott der Muslime, es gibt Versuche, das christliche Gottesbild pantheistisch zu reformulieren, um vermeintlichen Aporien des monotheistischen Verständnisses der Beziehung zwischen Gott und Welt zu entgehen. Es gibt auch den unbestimmt-vagen „Präambelgott" des Grundgesetzes („Im Bewusstsein seiner Verantwortung vor Gott und den Menschen und von dem Willen beseelt, als gleichberechtigtes Glied in einem vereinten Europa dem Frieden der Welt zu dienen, hat sich das Deutsche Volk kraft seiner verfassungsgebenden Gewalt dieses Grundgesetz gegeben.") als letzten Garanten für ein humanes Zusammenleben der Bürger im Staat. Bei Umfragen gibt im Übrigen nur eine Minderheit der Deutschen an, an einen persönlichen Gott zu glauben; höher rangiert der Glaube an ein höheres Wesen oder an eine geistige Macht.

Schillebeeckx hat kein größeres Werk über die Gottesfrage verfasst, weder zu ihrer philosophisch-theologischen Geschichte noch zu ihrem heutigen Ort. Aber sie wird gerade in seinen späteren Veröffentlichungen immer wieder zum Thema, und zwar in einer Weise, die in der gegenwärtigen

9 Edward Schillebeeckx: Christus und die Christen. Die Geschichte einer neuen Lebenspraxis, Freiburg 1977, 797.

Situation durchaus hilfreich sein kann. Er setzt nämlich mit seinen Überlegungen zum Problem Gott bei den beiden Dimensionen an, die heute am ehesten Interesse dafür wecken können, der ethischen einerseits und der mystischen andererseits. Gott kommt für unsere Gesellschaft – wenn auch durchaus kontrovers – dort ins Spiel, wo es um die Grundlagen des ethischen Handelns geht, oder aber im Zusammenhang mit der Suche nach einem die verschiedenen Religionen verbindenden und sie gleichzeitig überbietenden tiefsten Geheimnis von Mensch und Welt.

Ein Grundsatzprogramm für ein heute glaubwürdig gelebtes Christentum

„Zumindest in der Moderne wird die allgemein-menschliche Erfahrung des ethischen Anspruchs nicht als abstraktes Prinzip, sondern als die Wirklichkeit der Not des anderen, die mich anfordert und meine Freiheit in Beschlag nimmt, zum vorrangigen Ort einer sinnvollen Gotteserfahrung."[10] So formuliert Schillebeeckx den Ausgangspunkt seiner einschlägigen Überlegungen unter Berufung auf das Denken von Emmanuel Levinas. Er kommt zu dem Schluss, der Einsatz für den Mitmenschen, bis hin zum ethisch begründeten Martyrium, erweise sich als ein dem Menschen zugänglicher Lebenskontext, in dem in einer massiv säkularen Welt ein menschlich relevanter, philosophisch sinnvoller Gottesbegriff eingeführt werden könne, der ein eigenes, anderen begreiflich

10 Weil Politik nicht alles ist, 79.

zu machendes Feld des Verständnisses eröffne: „So gewinnt man Zugang zum religiösen Bezugspunkt, zu Gott, dem anderen, zu dem wir in einer theologalen, aber wesentlich auch realen, asymmetrisch-ethischen Beziehung stehen."[11] Damit wird der autonome ethische Anspruch als solcher ernst genommen, der nicht auf eine religiöse Begründung oder Verankerung zurückgreifen muss. Aber gleichzeitig wird ein Weg eröffnet, auf dem Ethik und (christliche) Religion sozusagen zwanglos miteinander in ein positives Verhältnis gebracht werden können. Das ist ein Angebot für eine Verständigung zwischen Gläubigen und Nichtgläubigen, die keinen zur Absage an die eigene Grundüberzeugung zwingt: Es geht für Schillebeeckx um „zwei menschliche Lebensmöglichkeiten, die beide ihre vernünftige Verstehbarkeit einschließen."[12] Das, was Gläubige mit Gott meinen, werde so auch für Nichtgläubige verständlich; der Gläubige wiederum finde für seinen Glauben genügend Zeichen in seiner menschlichen Erfahrung, und zwar ohne dass diese Erfahrungen ihre menschliche Wirklichkeit verlieren müssten – auf einer solchen Basis ließe sich künftig schiedlich-friedlich weiterbauen, Gesprächsbereitschaft und Bereitschaft zur Kooperation auf beiden Seiten vorausgesetzt.

Um ähnliche Klärungen wie bei der ethischen Dimension im Streit zwischen Glauben und Unglauben bemüht sich Schillebeeckx auch beim Thema Mystik. Er betont, aufgrund seiner mystischen Tiefe übersteige der christliche Glaube den politischen und ethischen Einsatz der Christen, und be-

11 Ebd., 88.

12 Ebd., 89.

schreibt einfühlsam den mystischen Lebensweg in seinen unterschiedlichen Phasen. Und Schillebeeckx arbeitet sich gleichzeitig ab am schwierigen Verhältnis von Mystik und Christologie: Die Gott identifizierende menschliche Erscheinung Jesu könne ein Christ nicht zugunsten einer Transzendenz aufgeben, die sich aller Identifizierung entziehe. Für ihn kann Mystik im christlichen Verständnis nie Jesus von Nazaret überspringen; das verankert er letztlich im Gottesbegriff: Bei Gott erfahre man, „dass Er in absoluter Freiheit wesentlich Schöpfer, der Liebhaber des Endlichen ist, und zwar mit der Absolutheit einer für uns unergründlichen göttlichen Liebe."[13] In dieser Sicht werde die besondere, sogar einmalige Stellung des Jesus von Nazaret innerhalb der Weltgeschichte auch für nichtchristliche Formen der Mystik zumindest begreiflich und nachvollziehbar, ohne jegliche Diskriminierung anderer Religionen.

„Jesus offenbart die Göttlichkeit des Wesens Gottes, indem er ihn gerade in seiner Menschenfreundlichkeit offenbart: als einen auf die Menschen und auf Menschlichkeit bedachten Gott."[14] Darin zeige sich ein ebenso tief mystischer wie auch prophetischer Gottesbegriff, und zwar in einer untrennbaren Einheit, in der das Ethos das mystische Element des Glaubens mit dem politischen Element eben dieses Glaubens verbinde. In diesen Sätzen kommt ein Grundanliegen des theologischen Denkens von Edward Schillebeeckx zum Ausdruck: Die immer neue, weil von der jeweiligen geschichtlichen Konstellation abhängige Orientierung am Men-

13 Menschen. Die Geschichte von Gott, 230.

14 Weil Politik nicht alles ist, 97.

schen Jesus, am in ihm sichtbar gewordenen Heilsangebot von Gott her verbindet sich mit dem Anerkennen des unbegreifbaren Geheimnisses Gottes, der seine Schöpfung und damit den Menschen in Liebe freisetzt, wie mit der Bejahung von Kirche als zwar unverzichtbarem, aber doch nachrangigem, immer bruchstückhaftem Instrument. Damit ist gleichzeitig ein Grundsatzprogramm für ein heute glaubwürdig gelebtes und bezeugtes Christentum formuliert, das unter manchen Unsicherheiten im Blick auf die Bedeutung Jesu wie auf seinen transzendenten Horizont leidet. Schillebeeckx hat sein Werk aus einer stupenden Kenntnis der theologischen, vor allem auch der scholastischen Tradition erarbeitet und war gleichzeitig offen für neue denkerische Strömungen und die jeweils aktuelle gesellschaftliche Entwicklung; bei ihm verbindet sich außergewöhnliche Gelehrsamkeit mit einer genauen, aber auch kritischen Sensibilität für das, was in Kirche und Welt an der Zeit ist. Man sollte dieses Werk auf dem weiteren Weg von Glaube und Kirche nicht außer Acht lassen, weil von ihm etliche heilsame Impulse für diesen schwierigen Weg ausgehen können.

Literatur

Ausgewählte Werke von Edward Schillebeeckx (Übersetzungen ins Deutsche)

Christus, Sakrament der Gottesbegegnung, Mainz 1959.

Der Amtszölibat. Eine kritische Besinnung, Düsseldorf 1967.

Die eucharistische Gegenwart. Zur Diskussion über die Realpräsenz, Düsseldorf 1967.

Gott, die Zukunft des Menschen, Mainz 1969.

Jesus. Die Geschichte von einem Lebenden, Freiburg 1975.

Christus und die Christen. Die Geschichte einer neuen Lebenspraxis, Freiburg 1977.

Die Auferstehung Jesu als Grund der Erlösung. Zwischenbericht über die Prolegomena zu einer Christologie (Quaestiones Disputatae 78), Freiburg 1979.

Das kirchliche Amt, Düsseldorf 1981.

Christliche Identität und kirchliches Amt. Plädoyer für die Menschen in der Kirche, Düsseldorf 1985.

Weil Politik nicht alles ist. Von Gott reden in einer gefährdeten Welt, Freiburg 1987.

Menschen. Die Geschichte von Gott, Freiburg 1990.

Ich höre nicht auf, an den lebendigen Gott zu glauben. Gespräche mit Francesco Strazzari, Würzburg 2006.

Bibliographie von Edward Schillebeeckx

1945–1983: In: Erfahrung aus dem Glauben. Edward Schillebeeckx – Lesebuch. Herausgegeben von Robert J. Schreiter, Freiburg 1984, 305–327.

Ausgewählte Werke über Edward Schillebeeckx

Carsten Barwasser: Theologie der Kultur und Hermeneutik der Glaubenserfahrung. Zur Gottesfrage und Glaubensverantwortung bei Edward Schillebeeckx OP, Berlin 2010.

Erik Borgman: Edward Schillebeeckx. A Theologian in His History. Volume I: A Catholic Theology of Culture (1914–1965), London/New York 2003.

Maximilian Halstrup: Faktizität und Gott: Schöpfungsglaube und Weltverständnis nach Edward Schillebeeckx, Münster 2012.

Salvatore Loiero: „… damit keiner zugrunde gehe". Zur Notwendigkeit einer existentiellen Christologie in der fortgeschrittenen Moderne im Anschluss an Karl Rahner und Edward Schillebeeckx, Innsbruck 2005.

Bernadette Schwarz-Boenneke: Erfahren in Widerfahren und Benennen. Zu Verständnis und Relevanz von Erfahrung in den christologischen Prolegomena von Edward Schillebeeckx, Berlin 2009.

Sachregister

Personenregister